Ernst Martin

Mittelhochdeutsche Grammatik

Nebst Wörterbuch zu der Nibelunge Nôt, zu den Gedichten Walters von der Vogelweide und zu Laurin

Ernst Martin

Mittelhochdeutsche Grammatik
Nebst Wörterbuch zu der Nibelunge Nôt, zu den Gedichten Walters von der Vogelweide und zu Laurin

ISBN/EAN: 9783743453982

Hergestellt in Europa, USA, Kanada, Australien, Japan

Cover: Foto ©Andreas Hilbeck / pixelio.de

Manufactured and distributed by brebook publishing software
(www.brebook.com)

Ernst Martin

Mittelhochdeutsche Grammatik

MITTELHOCHDEUTSCHE GRAMMATIK

NEBST WÖRTERBUCH

ZU

DER NIBELUNGE NÔT

ZU DEN GEDICHTEN

WALTHERS VON DER VOGELWEIDE

UND ZU

LAURIN

FÜR DEN SCHULGEBRAUCH AUSGEARBEITET

VON

ERNST MARTIN

SIEBENTE AUFLAGE

BERLIN
WEIDMANNSCHE BUCHHANDLUNG
1876

Vorwort zur dritten Auflage.

Dieser mittelhochdeutschen Grammatik mit Wörterbuch zu den Nibelungen und zu Walther liegt eine 1865 in zwei Auflagen erschienene Arbeit zu Grunde, die sich nur auf die Nibelungen bezog. Jetzt ist nicht nur das Glossar erweitert worden; auch die früher gegebene Grammatik erschien mir jetzt zu ängstlich auf dasjenige beschränkt, was zum unmittelbaren Verständnis der Nibelungen erforderlich war. Indem ich diesmal hinzufüge, was innerhalb des mhd. zur Rückleitung der Wörter auf ihre Stämme dienlich sein kann, hoffe ich auch den Anforderungen einiger der Beurtheiler meiner früheren Arbeit gerecht zu werden.

In seiner jetzigen Gestalt wird das Hilfsbuch ausreichen für den mhd. Unterricht auf Gymnasien, wie ich nach dem Vorgange anderer, gewichtigerer Stimmen [s. namentlich die Verhandlungen der Philologenversammlung zu Frankfurt 1861] ihn in den allgemeinen Lehrplan aufgenommen zu sehen wünsche. Besser als irgend Chrestomathien es vermögen, führt die eingehende Kenntnis der bedeutendsten und eigenthümlichsten Dichtungen in den Geist unseres deutschen Alterthums ein. Und unter diesen wird man keine finden, die mehr nationalen Charakter an sich trage als die Nibelungen, deren Inhalt, die Heldensage aus einer jahrhundertelangen poetischen Thätigkeit des deutschen Volkes hervorgegangen ist, und die Lieder Walthers, der im Wendepunct des Mittelalters stehend sowohl die Gröfse Friedrichs I als auch den baldfolgenden raschen Verfall des Reichs erlebte und dem Stolze wie der Trauer der Nation gleich edeln Ausdruck verlieh. Freilich ist die Kenntnis der mhd. Dichtung, die nur aus diesen beiden Quellen geschöpft ist, eine einseitige und beschränkte: an gleichmäfsig ausgeführter Dartellung werden die Nibelungen von der Kudrun, an Innigkeit und Zartheit des Minneliedes wird Walther von Reimar u. a. übertroffen und die höfische Erzählung wäre noch ganz unvertreten. Indessen man wird sich bescheiden müssen: kaum dürfen mehr als die deutschen Stunden eines Jahrgangs, etwa der Obersecunda oder Unterprima (nach süddeutscher Bezeichnung Oberquinta und Untersexta) für das mhd. in Anspruch genommen werden. Auch wird ein tüchtiger Lehrer, indem er die altdeutsche Literaturgeschichte mit zwei der bedeutendsten Denkmäler in lebendige Verbindung bringt, durch Schilderungen und Proben der anderen jenem Mangel abzuhelfen und den weiterstrebenden Schüler auf die richtigen Hilfsmittel zum Privatstudium hinzuweisen verstehn.

Schliefslich kann ich den Wunsch nicht unterdrücken, dafs für die Schule sowie für alle diejenigen, welche Walther ohne Rücksicht auf die Kritik der Ueberlieferung lesen wollen, ein Abdruck des Lachmannschen Textes ähnlich der vierten Ausgabe der Nibelungen, zugleich aber in einer nach Inhalt und Zeitfolge bestimmten Ordnung der Gedichte veranstaltet werden möge.

Heidelberg, 5. Mai 1867.

[Der im vorstehenden ausgesprochene Wunsch wird durch die Ausgabe Walthers von W. Wilmanns erledigt, welche soeben im Verlage der Waisenhausbuchhandlung in Halle erscheint.

Freiburg i. B., 5. Mai 1869.]

[In der sechsten Auflage hat die Grammatik einige Zusätze, meist nach den Vorschlägen von Prof. Schmitt-Blanc in Freiburg i. Br. erhalten; das Wörterbuch ist auf den Laurin ausgedehnt worden, der in Müllenhoffs zierlicher Ausgabe (Berlin 1874) sich vortrefflich zur Schullectüre eignet.

Prag, 25. October 1874.]

Ernst Martin.

§ 1. Vocale. Kurze *a, e, ë, i, o, ö, u, ü*
Lange *â, æ, ê, î, ô, œ, û*
Diphthonge *ei, iu, ie, ou, öu, uo, üe.*

ë wird gewöhnlich nicht anders als *e* geschrieben. Die Aussprache des *iu* war wol = *ǖ*; da dieser Laut jedoch schwierig ist, so spricht man es meist als langes *ü* aus. *öu* wird zuweilen auch *eu* geschrieben: *vreude.*

Neuhochdeutsch (nhd.) ist meistens geworden: *î* — ei, *û* — au; *uo* — u, *üe* — ü; *iu* — eu (äu), *ou* — au, *öu* — eu (äu). Vergleiche *wîn, hûs, muot, müede, iuch, loufen, vröude. ie* sprechen wir nicht mehr als Diphthongen (i mit nachklingendem e) aus, sondern als langes i: z. B. in bieten. Ueberdies hat das nhd. die Quantität der mittelhochdeutschen (mhd.) Vocale verändert. Mit Ausnahme einiger einsilbiger Wörter (an in bin hin ab ob mit weg) sind im nhd. die Vocale der Stammsilben entweder lang geworden oder sie haben Position erhalten durch Verdoppelung der folgenden Consonanten, vgl. *vater nemen ligen, riten.* Andererseits sind vor positionwirkenden Consonanten die Stammvocale verkürzt worden in *râche lâzen.* Hier ist also besonders zu beachten, dass im mhd. die Aussprache sich an die Schrift anschliefsen muss.

§ 2. Einige mhd. Vocale sind aus anderen durch Einwirkung der ursprünglich in der nächstfolgenden Silbe stehenden Vocale entstanden.

1. Durch Brechung, die ein ursp. folgendes *a* bewirkte, ward *ë* aus *i, o* aus *u, ie* aus *iu.* So in *geben* (Inf.) ursp. *giban,* vergl. *er gibt; geboten,* ursp. *gabutan; bieten,* ursp. *biutan,* vergl. *er biutet.* Die Brechung wird aufgehalten, wenn auf *i* oder *u* ein doppeltes oder mit einem andern Consonanten verbundenes *m* oder

n folgt; daher steht *swimmen swinden, geswummen geswunden* neben *helfen, geholfen.* Auch das Participium Praeteriti der IV. Conj. wird nicht gebrochen: *gestigen* s. § 9.

2. durch Umlaut, den ein ursp. folgendes *i* bewirkte, ward *a — e, o — ö, u — ü; â — æ, ô — œ, û — iu; ou — öu, uo — üe.* Beisp. *gast — geste* (ursp. *gasti), mohte — möhte* (Conjunctiv ursp. *mohti), tür (turi), wænen (wânian), hœren (hôrian), brût* Plur. *briute* (*brûti*), *loup — löuber* (*loubir*), *vuoȥ — vüeȥe* (*vuoȥi*).

Rückumlaut d. h. Herstellung des ursprünglichen Vocals tritt ein in den Formen, in denen ursprünglich das *i* ausgestofsen wurde: *wænen — wânde, hœren — hôrte* (s. § 13).

§ 3. Da auch *ê* und *ô* nur anstatt *ei* und *ou* eingetreten sind, und zwar *ê* vor *h r w* (vgl. *mêr meist* und § 10), *ô* vor *l r h s n* oder Dental (*lôs lôn, tôt* neben *töuwen* sterben), so lassen sich die 22 Vocale des mhd. auf folgende 10 zurückführen:

a (e)	*â (æ)*	*uo (üe)*
i (ë)	*î*	*ei (ê)*
u (ü; o, ö)	*iu (ie) û (iu)*	*ou (öu; ô, œ).*

Aber selbst diese drei Reihen entwickeln sich aus je einem der drei Grundvocale *a, i, u*; wovon *â, uo; î, ei; iu (û), ou* Steigerungen sind, die in der starken Conjugation und in der Wortbildung die veränderte Bedeutung des Stammes bezeichnen. Vgl. § 9 und für die Wortbildung die Beispiele *grap gruobe, biȥ bîȥen erbeiȥen, lüge liuge lougene.* Die *a*reihe mit dem Gliede *â* ist noch durch zwei Schwächungen *i* und *u* erweitert worden: *bar bâre bir geburt, bint bant bunt.*

§ 4. Die Flexionsendungen sowie die meisten Ableitungssuffixe zeigen ein schwaches *e*, an dessen Stelle früher volle Vocale gestanden haben: *geben* althochdeutsch *geban, schœner—scônôra, ernestliche — ernustlicho.* Nur ausnahmsweise haben einzelne Flexionssilben den vollen Vocal behalten, s. §§ 12. 20. Dies schwache *e* hat jedoch zwei Stufen: nach langer Stammsilbe, d. h. einer solchen, deren Vocal lang ist oder vor mehreren Consonanten steht, ist das *e* in der nächsten Silbe nur tonlos, nach kurzer Stammsilbe ist es stumm, wird fast gar nicht ausgesprochen; ein auf stummes *e* folgendes *e* ist tonlos, ein auf tonloses *e* folgendes ist stumm. *heiter* hat also in der zweiten Silbe ein tonloses, *edel* ein stummes *e*; tritt die Dativendung *-eme* an, so wird das erste Wort *heitereme* ausgesprochen werden als *heiterme*, das zweite *edeleme* als *edlem*. Ein stummes *e* nach Liquidis wird meist gar nicht geschrieben: *mül, müln* anstatt *müle, mülen*.

§ 5. Consonanten.

Liquidae: *l, m, n, r*

Spirantes, weiche: *h, j, s, w*

harte [= goth. Mutae]: *f* (*v*), *ch, ʒ*

Mutae: *b, p; g, k* (*c*); *d, t*

Verbindungen von Muta und Spirans: *ph, z; qu.*

Zwei Spiranten sind zu einem neuen Laute verschmolzen in *sch*. Nach kurzem Vocal werden *p f k z ʒ* gewöhnlich verdoppelt, wobei *ck* = *kk*, *tz* = *zz* gilt. Vom nhd. weicht der mhd. Consonantismus nur in wenigen Fällen ab. Verschiedenheiten, die nur die Schreibweisen betreffen, sind: vor Vocalen wird fast immer *v* geschrieben, nicht *f*: *vinden, vallen*; *ph* an der Stelle unseres *pf*: *phant*; *c* tritt im Auslaut statt unseres *k* ein: *tranc*, im Anlaut seltener: *criuze*. *ʒ* hat den Laut unseres ss (sz): *grôʒ*; zuweilen wird nhd. auch s dafür geschrieben: *daʒ, ûʒ*. In den Handschriften und deshalb auch in einigen Ausgaben wird *ʒ* nicht von *z* unterschieden; dann ist die Regel zu beobachten: im Anlaut und hinter *l n r* steht nur *z*: *zît, holz cranz herze*; sonst erscheint *z* nur hinter kurzen Vocalen und daher, abgesehen vom Auslaut (§ 6) stets doppelt: *sitzen*. Dagegen hat sich im nhd. die Aussprache geändert: bei *ng*, in welchem wir das *g* z. B. in *lange* nicht neben dem nasalen *n* hören lassen, während dies im mhd. ebenso geschieht wie im lateinischen *longus*. *h* wird mhd. vor *t* und *s* und nach *r* und *l* wie *ch* ausgesprochen: *niht fuhs durh bevelhen*; es wird niemals wie in nhd. Schreibung als Dehnungszeichen hinter Vocalen und nach *t* gesetzt: *wân, küelen*.

In Lachmanns Ausgabe der Nib. Nôt sind einige orthographische Eigenthümlichkeiten der Handschrift beibehalten: *z* steht zuweilen für *tz* z. B. *sizen*; *k, kh, ckh* für *ck*: *weken, rekhe, ungelückhe*; *sc* für *sch*: *sceiden*; *v* nach *z* oder *t* für *w*: *zvei, tvanc*; *ȝ* für *ȝȝ*: *beȝer*; *x* für *hs*: *sex*. In Lachmanns Walther ist *c* für *z* vor *i* beibehalten in *cirkel*; *gg* für *ck* und *k* in *rügge, linggen*.

§ 6. Im Auslaut wird 1) Doppelconsonant einfach geschrieben: *schif* (*schiffes*), *schaz* (*schatzes*), *sac* (*sackes*), *ros* (*rosses*), *swim* (*swimmen*) u. a.

2) Media in Tenuis verwandelt: *gap* (*gâben*), *tac* (*tages*), *rat* (*reder*); ferner *v* zu *f*: *hof* (*hoves*); *h* zu *ch*: *sach* (*sâhen*).

3) *w* abgeworfen: *niu* (*niuwes*), *gar* (*garwes*).

In Lachmanns Nib. Nôt ist bisweilen auslautend *h* für *ch* geschrieben: *noh*; *ck* oder *k* für *c*: *lack, genuok*. Im Reime steht vereinzelt *ch* für *c*: *werch*; *n* für *m*: *gezan, frun*.

§ 7. Im Anlaut wandelt sich *j* vor *i* zu *g* in *jehen, ich gihe*; zuweilen wird der Silbe *er-* ein *d* vorgeschlagen: *derkande*. Nach einem *ch* am Ende des vorhergehenden Wortes kann *d* zu *t* werden: *sich tacte* (*dacte*).

Im Inlaut wird manchmal *b* zu *p* vor *t*: *hapt, gelopt*. Tonoses *e* zwischen zwei gleichen Consonanten fällt oft mit einem derselben aus: *bietet* wird *biet*, *dienende* — *diende*, *lougenen* — *lougen*; so wird auch *gebundenem* zu *gebundem* zusammengezogen, *mineme* zu *mime*. — Durch Consonantenausfall und Zusammenziehung der Vocale entsteht häufig *ei* aus *age*: *meit, geseit*; aus *ege*: *gein, leite*; aus *ede*: *reite*; *â* aus *ade*: *schât*; *î* aus *ige*: *lît*, aus *ibe*: *gîst*.

Conjugation.

§ 8. Als Zeitformen erscheinen nur ein Praesens mit Indicativ, Conjunctiv, Imperativ, Infinitiv und Participium und ein Praeteritum mit Ind. Conj. Part. Die übrigen werden durch Zusammensetzung mit den Hilfsverben ausgedrückt: das Futurum gewöhnlich durch den Infinitiv mit *wil* oder *sol*, das Perf. und Plusquamperfectum durch das Part. Praet. mit *hân* und *hete*; das Passivum durch das Part. Praet. mit *wirde*, im Praet. mit *bin*. Ueber ein Fut. exact. und ein Plusquamperf. gebildet durch ein dem Praes. oder Praet. vorgesetztes *ge-* s. das Wörterbuch.

Die Endungen sind dieselben wie im nhd. Doch hat die 3. Plur. Ind. Praes. *-ent;* das Part. Praes. endigt, wenn es unflectiert ist, auf *-ende* (alterthümlich *-unde*); der Inf. ist declinierbar: *-ennes, -enne*. In der starken Conjugation hat ferner die 2. Sing. Imper. nie *-e: swim*; die 2. Sing. Ind. Praet. endigt auf *-e: dû gæbe*. Im Part. Praet. entbehren der Vorsetzsilbe *ge-: brâht; komen, lâȥen, vunden, worden* (*küsset* N. 526).

Zuweilen findet sich in der 2. Sing. *s* anstatt *st: nimes, ladetes*. Die 2. Plur. endigt zuweilen auf *nt: brâchent*. In der invertierten 1. Plur. wird oft *n* und selbst *en* abgeworfen: *bite wir, gedæht wir*. Das *en* des Part. Praes. fällt nach *l* und *n* zuweilen aus: *helde* (für *helende*) *spilde sende*.

§ 9. Die starke Conjugation wird durch Ablaut d. h. Veränderung des Wurzelvocals abgewandelt. Der 1) Vocal steht im Praesens, der 2) in der 1. und 3. Sing. Ind. Praet., der 3) in der 2. Sing. und im Plur. Ind. sowie im Conj. Praet., der 4) im Part. Praet. Doch wird der 1) von der I—III und V Conj. immer gebrochen, aufser im Sing. Ind. und Imper.; von der VI und VII dagegen in der 2. und 3. Sing Ind. umgelautet; der 3) wird von der I—III und V. VI in der 2. Sing. und im Conj. Praet. umgelautet; der 4) wird von der I—III und der V gebrochen.

I	*i* (*e*),	*a*,	*â* (*æ*),	*e*:	*gibe*	*geben*	*gap*	*gâben*	*gæbe*	*gegeben*
II	*i*, (*e*),	*a*,	*â* (*æ*)	*o*:	*nim*	*nemen*	*nam*	*nâmen*	*næme*	*genomen*
III	*i* (*e*),	*a*,	*u* (*ü*)	*o*:	*wirfe*	*werfen*	*warf*	*wurfen*	*würfe*	*geworfen*
IV	*î*,	*ei*,	*i*,	*i*:	*rîte*	*rîten*	*reit*	*riten*	*rite*	*geriten*
V	*iu* (*ie*),	*ou*,	*u* (*ü*)	*o*:	*vliuge*	*vliegen*	*vlouc*	*vlugen*	*vlüge*	*gevlogen*
VI	*a* (*e*),	*uo*,	*uo* (*üe*)	*a*:	*trage*	*tregest*	*truoc*	*truogen*	*trüege*	*getragen*
VII	*a* (*e*)	*ie*,	*ie*	*a*:	*valle*	*vellest*	*viel*	*vielen*	*viele*	*gevallen*
	â (*æ*)			*â*:	*slâfe*	*slæfest*	*slief*	*sliefen*	*sliefe*	*geslâfen*
	ei			*ei*:	*heiȥe*	*heiȥest*	*hieȥ*	*hieȥen*	*hieȥe*	*geheiȥen*
	ô (*œ*)			*ô*:	*stôȥe*	*stœȥest*	*stieȥ*	*stieȥen*	*stieȥe*	*gestôȥen*
	ou			*ou*:	*loufe*	*loufest*	*lief*	*liefen*	*liefe*	*geloufen*
	uo (*üe*)			*uo*:	*ruofe*	*ruofest*	*rief*	*riefen*	*riefe*	*geruofen*

Beispiel:

Praes. Ind. *gibe gibest gibt geben gebet gebent;* Imp. *gip gebet*
Conj. *gebe gebest gebe geben gebet geben;* Inf. *geben,*
Part. *gebende*
Praet. Ind. *gap gæbe gap gâben gâbet gâben;* Part. *gegeben*
Conj. *gæbe gæbest gæbe gæben gæbet gæben.*

§ 10. Der Doppelconsonant des Praes. wird überall, wo im Praet. lange Stammvocale eintreten, vereinfacht: *ізʒe aʒ âʒen* (I) *triffe traf trâfen* (II) *spanne spien spienen* (VII). In der I können die Verba mit *s* als Stammesauslaut dies hinter dem 3) und 4) Ablautsvocal in *r* verwandeln: *nise nas nâren genern* (öfter *genesen*). Unter den Verben der II hat *quemen* folgendes a verbo angenommen: *kum* (*kom*), *kumen* (*komen*), *kam* (*kom*), *kâmen* (*kômen*), *kæme* (*kœme*), *komen.* In III tritt nach § 2 keine Brechung ein, wenn auf den Stammvocal ein *m* oder *n* doppelt oder mit einem andern Consonanten verbunden folgt: *swimmen geswummen, vinden gevunden.* Zuweilen unterbleibt auch der Umlaut im Conj. Praet.: *wurbe, vunde.* In der 1. und 3. Sing. Ind. Praet. haben nach § 3 die Verba der IV mit *h* hinter dem *î* anstatt *ei—ê*: *zihe—zêch* (*schrien* hat *schrei* und *schrê*); die von der V mit *h, s, ʒ, t* hinter *iu* haben anstatt *ou — ô: biute — bôt.* Ferner wird in IV und V gemäſs § 5 nach kurzem Stammvocal *ʒ* oder *f* verdoppelt: *giuʒe — guʒʒen güʒʒe gegoʒʒen; grife — griffen griffe gegriffen; s* zu *r* verwandelt: *verliuse verlôs — verluren verlüre verloren; h* zu *g*: *ziuhe zôch — zugen züge gezogen, lihe lêch geligen* (doch *fliuhe, flôch fluhen flühe geflohen*); *d* zu *t*: *snide sneit sniten gesniten.* In VI wird im Praet. *h* zu *g* (*c*) verwandelt: *slahe — sluoc sluogen slüege geslagen. houwen* der VII angehörig hat im Praet.: *hiu hiuwen.*

§ 11. I—III haben zum Stammvocal *a* mit der Steigerung *â* und den Schwächungen *i, u*; die IV *i* mit den Steigerungen *î* und *ei*; die V *u* mit *iu* (oder *û*: *sûfe, sûge*) und *ou*; die VI *a* mit der Steigerung *uo.* Die VII hat nicht eigentlich Ablaut, sondern das *ie* des Praeteritum ist nach Wegfall des Stammvocals aus dem Vocal einer im Gothischen noch vorhandenen Reduplicationssilbe entstanden: *hielt* aus *haihald, stieʒ* aus *staistaut.*

In I folgt auf den Stammvocal *b, g, h, s, t, ȝ*; in II Liquida oder *ff, ck, ch, sch, st, hs, ht*; in III Liquida doppelt oder mit einem anderen Consonanten verbunden. Vergleiche aufser den obigen Beispielen: *lise, sihe; triffe, vihte; bevilhe, hilfe.* In VI steht *a* vor einfacher Muta oder Liquida oder *sch*: *var, wasche*; in VII vor doppelter Liquida oder Liq. mit einem andern Consonanten verbunden: *spanne, halte.*

§ 12. Die schwache Conjugation bildet wie im nhd. das Praeteritum durch angehängtes *te*, das Part. Praet. durch *t*. *te* ist, wie das Gothische zeigt, ursp. das Praeteritum des Verbs thun, so dafs *ich lône-te* wörtlich durch „ich lohnen that" wiedergegeben werden kann. Diese Zusammensetzung, welche dem Ablaut gegenüber etwas unselbständiges, umschreibendes hat, hat der Conjugation den Namen der schwachen eingetragen. Alle ihr angehörigen Verba sind nicht ursprünglich, sondern abgeleitet, z. B. *brennen* „brennen machen" von *brinnen* „brennen". Ursprünglich stand zwischen Stamm und Endung ein voller Vocal *(ô, ê; i)*, welcher mhd. nach § 4 regelmäfsig zu unbetontem *e* geworden ist; nur zuweilen erscheint *ô* im Part. Praet.: *gewarnôt.* Nach kurzer Stammsilbe fällt das *e* vor *te*, *t* gewöhnlich aus: *lobte gelobt, wunderte gewundert* (dann wird *te* nach Liquidis häufig zu *de*: *wâfende*); nach langer bleibt das *e*: *salbete, gesalbet.*

Beisp.

lône lônest lônet lônen lônet lônent; Imp. *lône, lônet*
lône lônest lône lônen lônet lônen; Inf. *lônen*; Part. *lônende*
lônete lônetest lônete lôneten lônetet lôneten; Part. *gelônet*
Conj. Praet. wie Ind.

§ 13. Die sehr zahlreichen Verba schwacher Conjugation, welche ursp. ein *i* vor der Endung hatten, haben, wenn es möglich war, Umlaut angenommen: *lege legte gelegt; liutere liuterte geliutert.* Diejenigen, deren Stamm aus einer einzigen langen Silbe besteht, haben im Praet. und Part. Praet. zwar auch die Formen mit *e* vor *te* und *t*: *brennete gebrennet*, stossen jedoch häufiger *e* aus und nehmen, wenn dies möglich ist, Rückumlaut an: *wæne — wânde gewânt, rüeme — ruomte geruomt*; aber *weine — weinte*. Dabei wird vor *t* Doppelconsonant vereinfacht: *fülle — fulte gefult, brenne — brante gebrant*; *g* geht in *c* über, *ck* in *h*: *vüege — vuocte gevuoct, decke — dahte gedaht*; *t* oder *d* wird ausgestofsen: *vriste — vriste gevrist, künde — kunte gekunt*; ebenso *w* oder *j*: *gerwe — garte gegart, wæje — wâte gewât*; bei diesen letzten kann der Umlaut auch bleiben: *dröuwe dröute gedröut*; *wæte, dræte*. Zu den langsilbigen Verben gehen auch einige kurzsilbige über, indem sie den Endconsonanten des Stammes verdoppeln und dann Rückumlaut annehmen können: neben *zeln* auch *zellen*, daher *zelte* und *zalte*.

§ 14. Anomala. 1) Das Verbum substantivum entnimmt seine Formen drei verschiedenen Stämmen: *bin bist ist sîn sît* (vereinzelt *birt*) *sint. sî sîst sî* usw. daneben *wese wesest* usw. Imp. *wis weset* (*sît*); *wesen* (*sîn*); *wesende*; *was wære was wâren* usw. *wære* usw. *gewesen*.

2) Praeteritopraesentia d. h. Verba, deren Praes. ein ursprüngliches Praet. ist, jedoch in der 2. Sing. Ind. *t* oder nach *n* und *r st* annimmt. Ihr Praeteritum bilden sie schwach.

Die I Ablautreihe, aber unregelmässig, befolgt *mac* kann *maht, mugen* (*megen*); *muge* (*müge, mege*); *mohte* (*mahte*); *möhte* (*mehte*); *mugen*

die II *sol solt, suln* (*süln sün*); *sül*; *solte* (*solde*); Conj. ebenso; *suln*

die III *gan* gönne *ganst gan gunnen gunnet gunnen*; Inf. *gunnen* Conj. *günne günnest* usw. Praet. *gunde* (*gonde*); Conj. Praet. *günde* (*gönde*); Part. Praet. *gegunnen* und *gegunnet*.

Danach *erban* missgönne. Durch eine falsche Ableitung hierhergezogen hat das Verbum *beginnen* neben dem Praet. *began* auch *begunde* erhalten.

kan weifs *kanst, kunnen*; *künne*; *kunde* (*konde*); *künde* (*könde*); Inf. *kunnen*.

tar wage *tarst, turren*; *türre*; *torste*; *törste* (*torste*); *turren*

darf habe nöthig *darft, durfen*; *dürfe*; *dorfte*; *dörfte*; *dürfen*

die IV *weiʒ weist, wiʒʒen*; *wiʒʒe*; *wiste* (*weste, wesse*); Conj. ebenso; *wiʒʒen*; *gewiʒʒen* die V *touc* tauge, 2. Sing.?, *tugen* (*tügen*); *tüge*; *tohte*; *töhte*; *tugen* die VI *muoʒ muost*, *müeʒen*; *müeʒe*; *muoste* (*muose*); *müeste* (*müese*); *müeʒen*.

3) Aehnliche Bildung, nämlich einen ursp. Conj. Praet. als Ind. Praes. hat *wellen*: *ich wil*, *dû wil* (*wilt*), *wir wellen* (*weln*) usw. *welle* (*wolle*); *wolte* (*wolde*); Conj. ebenso.

4) *tuon tuost tuot tuon tuot tuont*; Imp. *tuo tuot*
tuo tuost tuo tuon tuot tuon; *tuon*; *tuonde*
tete, *dû tæte*, *wir tâten* usw. *tæte*; *getân*.

5) *stân* (*stên*) *stâst stât stân stât stânt*; Imp. *stant stât*
stâ (*stê*) *stâst stâ stân stât stân*; *stân*; *stânde*
stuont; *stüende*; *gestanden* und *gestân*.

Ebenso im Praes. *gân*; Imp. *ganc*; Praet. *gienc* (*gie*); *gegangen* und *gegân*.

6) *haben* contrahiert: *hân hâst hât hân hât hânt*, Conj. *habe*; Part. *habende*; Praet. *hâte hête hete*, *dû hæte*, *wir hâten hêten heten*; Conj. *hæte hête hete*; *gehabet*. In der Bedeutung 'halten' ist *haben* regelmässig schwach.

7) *lâʒen* wird ebenso contrahiert im Ind. Sing. *lân lâst lât*, Plur. *lân lât lânt*, im Inf. *lân* und im Part. Praet. *lân*; Praet. *lieʒ* (*lie*).

8) *vâhen* und *hâhen* contrahieren zuweilen den Inf.: *vân hân*; Praet. *vienc* (*vie*), *hienc* (*hie*); Part. *gevangen*, *gehangen*.

9) *biten*, *ligen*, *sitzen* und *heben*, *swern* bilden das Praes. schwach, das Praet. nebst Part. theils nach der I starken: *bat*, *gebeten*; *lac*, *gelegen*; *saʒ*, *geseʒʒen*; theils nach der VI: *huop*, *gehaben*; *swuor*, *gesworn* (seltener, aber regelrechter *geswarn*).

10) *bringen*, *denken*, *dunken* haben im Praet. *brâhte*, *dâhte*, *dûhte*; Conj. *bræhte*, *dæhte*, *diuhte*; Part. *brâht*, *gedâht*, *gedûht*.

würken und *vürhten* nehmen im Praet. *o* an: *worhte*, *geworht*; *vorhte*, *gevorht*.

Declination. Substantiva.

§ 15. Starke Decl. Masc. I Sing. Nom. u. Accus. — (*e*), Gen. *es*, Dat. *e*; Plur. N. A. *e*, G. *e*, Dat *en*:

tac tages tage tac, tage tage tagen tage;

jegere jegeres jegere jegere, jegere jegere jegeren jegere.

II Sing. ebenso wie I; Plur. mit Umlaut:

gast gastes gaste gast, geste geste gesten geste.

Neutr. Sing. wie m.; Plur. —, *e*, *en*, —. Zuweilen tritt im Plur. umlautwirkendes *er* zwischen Stamm und Endung.

wort wortes worte wort, wort worte worten wort;

rat rades rade rat, reder redere rederen reder.

Fem. I Sing. durchgängig *e*; Plur. *e*, G. und D. *en*:

gâbe gâbe gâbe gâbe, gâbe gâben gâben gâbe.

II Sing. ohne Endungen; doch haben D. und G. auch *e*, vor welchem, wenn es möglich ist, Umlaut eintritt. Plur. umlautend mit *e*, Dat. *en*:

zît zît (zîte) zît (zîte) zît, zîte zîte zîten zîte;

kraft kraft (krefte) kraft (krefte) kraft, krefte krefte kreften krefte.

Auch ohne Umlaut vor den Endungen mit *e* erscheinen *naht* (G. Sing. *der nahte*, D. Pl. *den nahten*) und *hant.*

§ 16. Schwache Decl. Alle Genera haben N. Sing. *e*, sonst in allen Casus *en*; A. Sg. n. *e* wie N.:

herre herren herren herren, herren herren herren herren;

frouwe frouwen frouwen frouwen, frouwen frouwen frouwen frouwen;

herze herzen herzen herze, herzen herzen herzen herzen.

§ 17. Anomala. 1) *vater*, *bruoder*, *muoter*, *tohter*, *swester* sind unveränderlich, aufser dafs sie im D. Pl. *n* annehmen, und dafs *vater* im Plur. meist umlautet: *veter.* 2) *man* bleibt unflectiert oder bildet G. *mannes*, D. *manne*, Plur. *manne*, D. *mannen.* 3) Neben *küneginne* erscheint auch das unflectierte *künegin.*

§ 18. Eigennamen flectieren theils stark, theils schwach nach den obigen Paradigmen. Die starken Masculina haben im D. und A. *e* oder *en* oder auch gar keine Flexion: *Sifrit Sifride Sifriden;* die starken Feminina haben im A. auch *e*: *Kriemhilt Kriemhilde*, und in allen Casus obl. auch schwache oder flexionslose Form: *Kriemhilt Kriemhilden.*

Adjectiva.

§ 19. Alle flectieren stark und schwach (schwach hinter dem Artikel); häufig sind sie auch als Attribut flexionslos. Die st. Declination weicht vom nhd. nur ab im N. Sing. fem. und N. und A. Plur. neutr. auf *iu* und im N. A. Sing. n. auf *eȥ*.

Beisp. *alter altes altem alten, alte alter alten alte*
altiu alter alter alte, alte alter alten alte
alteȥ altes altem alteȥ, altiu alter alten altiu.

Zuweilen erscheint im D. S. m. und n. die volle Endung *eme*, im G. Sing. f. und Plur. *ere*: *rôteme, iuwerre* (aus *iuwerere*). Dabei ist besonders bei mehrsilbigen tonloses und stummes *e* zu unterscheiden: *michel* grofs hat im D. Sing. m. und n. *michelme*, im G. D. Sing. f. und G. Plur. *michelre*; *eben* dagegen *ebenem, ebener*.

Die schwache Decl. ist gleich der der Substantiva; das nhd. stimmt damit überein, aufser im A. Sing. f., welcher mhd. *en* hat: *die schœnen maget.*

§ 20. Der Comparativ wird durch angehängtes *er* gebildet, der Superlativ durch *est*: *edeler, edelest*; *micheler, michelest*. Einige Adjectiva nehmen in der Comparation auch Umlaut an: *alt* — *elter, eltest* neben *altest*; *starc* — *sterkest*. Zuweilen erscheinen im Superlativ die alterthümlichen Endungen *ôst*: *vorderôst*, und die umlautwirkende *ist*: *grœȥist*.

§ 21. Adverbia werden von Adjectiven abgeleitet durch Anhängung theils von *e*: *starc* — *starke*, wofür bei den Adjectiven auf *e* Rückumlaut eintritt: *veste* — *vaste*, *schœne* — *schône*; theils von *liche, lich*: *trûrecliche, süeȥlich.*

§ 22. Zahlwörter. *einer einiu eineȥ*, als Attribut im N. Sing. unflectiert; *zwêne zwô zwei, zweier, zwein*; *dri* n. *driu, drier, drien* (*drin*); *viere vieriu*. Ebenso flectieren auch *vünf, sehs, siben, aht, niun, zehen, einlif, zwelef* ... *zweinzic* (*zwênzic*), *driȥic*. Neben *hundert* erscheint auch *hunt*.

Ordinalia: *êrst*; *ander*; die anderen werden durch angehängtes *te*, nach Liquidis *de* gebildet: *drite, vierde* usw.

Pronomina.

§ 23. Persönliche. I Person: *ich min mir mich, wir*

unser uns uns (alterthümlich *unsich*). II *dû* (*du duo*) *dîn dir dich*, *ir iuwer iu iuch*.

Das Pron. der III Person hat im G. Sing. *sîn*: *sich* ist nur A. Sing. und Plur.; für den D. werden die Formen entlehnt von dem geschlechtigen:

m. *er*	*sîn*	*im in*,	
f. *sie* (*siu si sî*) *ir*		*ir sie* (*sî*),	Plur. *sie* (*sî*) *ir in sie* (*sî*).
n. *ez* (*iz*)	*sîn* (*es*)	*im ez*,	

Die Possessiva sind *mîn*, *dîn*, *sîn*; *unser*, *iuwer*; für das der III Sg. f. und Plur. wird der G. *ir* gebraucht; selten erscheint dieser auch flectiert: *iren*.

§ 24, Demonstrativum und Relativum, auch bestimmter Artikel ist

der diu daz, *des* f. *der*, *dem* f. *der*, *den die daz*; der Instrumentalis m. und n. *diu* erscheint nur mit Praepositionen verbunden: *sît diu*. Plur. *die* n. *diu*, *der*, *den* (*dien*), *die* n. *diu*.

Das Demonstrativum *dirre* (*diser*) *disiu diz* (*ditze*) hat auch im G. und D. Sing. f. und G. Plur. *dirre*.

Das Interrogativum flectiert *wer waz*, *wes*, *wem*, *wen waz*; Instr. *wiu*. Aus *sô wer* zusammengesetzt ist *swer swaz* wer, was auch immer. *weder* welcher von beiden, *welh* (*wel*) was für ein sind adjectivisch.

ANHANG.

Grundzüge der mhd. Verskunst.

§ 25. Die mhd. Verskunst beruht auf der Betonung der einzelnen Silben innerhalb eines jeden Wortes. In jedem Worte wird die erste (die Stammsilbe in einfachen Wörtern, die Stammsilbe des ersten Theiles in zusammengesetzten) besonders stark betont, sie hat den Hochton. In einigen abgeleiteten Wörtern und in allen Zusammensetzungen kommt zur Stammsilbe noch eine oder mehrere Silben mit vollem Vocal; diese Silben werden etwas schwächer betont, haben den Tiefton. Vgl. *vischære küniginne*, *manlich degenheit*, *künicriche marcgrâ-*

vinne. Andere Ableitungssilben und fast alle Flexionssilben haben schwaches *e*, das entweder tonlos ist oder stumm (§ 4).

Von der Regel, dass die erste Silbe den Hochton trägt, sind ausgenommen

1) die Zusammensetzungen mit den untrennbaren Praepositionen *be ent* (*en*) *er ver ge zer* (*ze*), welche sämmtlich schwaches *e* haben. Vgl. *bestân entsagen erkant vergeȥȥen geloube zerinnen.* Die drei ersten Praepositionen haben jedoch in alten Zusammensetzungen mit Nominibus den vollen Vocal und damit den Hochton bewahrt: *antvanc* neben *enphâhen, urloup* neben *erlouben, biderbe.*

2) Verba, die mit den Praepositionen *über under durch umbe wider gegen hinder* untrennbar zusammengesetzt sind, während die mit denselben zusammengesetzten Nomina die erste Silbe betonen: *ùnderscheiden* (\` bezeichnet den Tiefton der ersten Silbe) neben *underscheit, ùberwinden* neben *übermuot.*

3) Ebenso die mit *misse* und *volle* zusammengesetzten Verba *missetuon vòlbringen* neben den Substantiven *missetât volleist.*

4) Schwanken findet Statt bei den Zusammensetzungen mit *al* und *un: alsô* und *àlsô, ùntriuwe* und *untriuwe.*

§ 26. Der mhd. Vers besteht aus einer gewissen Anzahl von Hebungen d. h. höher betonten Silben, zwischen welchen je eine Senkung d. h. minderbetonte Silbe stehen, aber auch fehlen kann. *Dô wúohs in Nîderlánden* ist metrisch gleich *zúo dém gáste.* In den gesungenen Gedichten fehlt die Senkung nur äufserst selten, so dass der Versbau dem nhd., in welchem Hebung und Senkung regelmäfsig abwechseln, sehr ähnlich ist. Mit Ausnahme des Tageliedes (88, 9) fehlt bei Walther die Senkung nur innerhalb zusammengesetzter Wörter, in welchen zwei Silben mit vollem Vocal zusammenstofsen: *lantgrâve, herzeichen.*

Zur Hebung taugt 1) jede Silbe mit Hochton, 2) jede Silbe mit Tiefton *bìtterlìchen küniginne*, 3) eine Silbe mit tonlosem (nicht mit stummem *e*), jedoch nur entweder als letzte Hebung der Nibelungenzeile *Úotén, Hágené*, oder wenn wenigstens éine

Silbe mit schwachem *e* folgt. Gehört diese Silbe demselben Worte an wie die tonlose Hebung, so mufs entweder hinter dem tonlosen Vocal der Hebung eine Doppelconsonanz stehn: *trúréndе,* oder hinter dem stummen *e* ein *n*: *michélen*; nicht regelrecht ist *trûréte, michéler.* Gehört die Silbe mit schwachem *e* dem nächsten Worte an, so mufs ein Consonant die beiden *e* trennen: *sanfté gemuot, werdén erkant*; nicht erlaubt ist *schamelé erclanc.*

Selten und nur in den lyrischen Gedichten erscheint neben dem gewöhnlichen Versfufs eine Art von dactylischem, in welchem auf eine Hebung zwei Senkungen folgen: *Ích sach hie vór eteswénne den tác.*

§ 27. Die Hebung darf nie weniger Wortton haben als die folgende Senkung. Man lese also nicht *Hagené von Tronege,* sondern *Hagene vón Tronege,* nicht *strûhté daȥ marc,* sondern *strûhte dáȥ marc.*

Dagegen hat die Hebung zuweilen weniger Wortton als die vorangehende Senkung, indem eine Silbe mit Tiefton über eine lange mit Hochton erhoben wird: *mit driúnge, dér barmúnge urspringe* (W. 7, 36). Besonders geschieht dies in Namen: *Gunthérn, Reimár*; hier auch wenn die erste Silbe kurz ist *Philíppes* (W. 19, 7 u. ö.). So wird zuweilen auch eine Silbe mit Tiefton über eine vorangehende mit Tiefton gehoben: *únfrœlíchen, hóchvertígen, márcgrâvín, únsúmic* (W. 85, 24), sogar eine mit tonlosem *e*: *júnchérrén für* (W. 80, 24). (s. auch § 29.)

§ 28. Hebung und Senkung sollen einsilbig sein. Doch kann ein stummes *e* hinter einer kurzen betonten Silbe in der Hebung verschliffen werden und ebenso ein stummes *e* hinter einem tonlosen *e* in der Senkung. Also Wörter wie *site sagen künec gibest* können Hebung sein, und in *wachete grimmeger trûreten* können die beiden letzten Silben die Senkung ausmachen; ebenso die letzte des vorangehenden und die erste des folgenden Wortes in *kúnde gevólgen, séle gendś; dánne der tót.*

Die Durchführung dieser Einsilbigkeit der Hebungen und Senkungen erleichtern einige grammatische Freiheiten, durch welche schwache *e*, ja sogar volle Vocale und bei einigen Formwörtern auch Consonanten weggeschafft werden.

1) Synaloephe oder Verschmelzung. Sie tritt ein, wenn auf eins der Wörter *dâ jâ wâ swâ bî ṣî dô sô dû nû* ein Wort folgt, das in der ersten Silbe ein schwaches *e* hat. Die vollen Vocale dieser Wörter verlieren dabei ihre Länge: *da enzwischen.* Mehr Beispiele s. bei der Inclination (5) und bei dem Auftacte (§ 29).

2) Elision. Ein schwaches *e* im Auslaut wird von vocalischem Anlaut des folgenden Wortes verschlungen: *drîe ist, ruoche ich;* steht das folgende Wort in der Hebung, so wird das elidierte *e* gar nicht geschrieben; *dn édeler, sag ích;* aufser in dreisilbigen Wörtern: *wallære unde, lîdenne ungenæme.* Vor der Hebung wird übrigens auch Hiatus geduldet: *Fróuwe, éȥ. fride unde suone* (N. 2027, 4).

3) Apokope, Abwerfen des schwachen *e* im Auslaut vor consonantischem Anlaut des folgenden Wortes: *mîn nâhgebûren, sîn hant* (Acc.); *ein schalten; dn mînen, umb daȥ; von hûs der, ûȥ Osterrîch Liupolt; wær mir, hórt dâ.* Ein Consonant fällt mit diesem *e* weg in der invertierten I. Plur. (§ 8) und in den Conjunctionen *oder, aber: od, ab.*

4) Synkope, Auswerfen eines schwachen *e* zwischen zwei Consonanten: *sprícht, dunct; dienst; sîns, eins, einȥ;* von zwei gleichen Consonanten fällt der eine mit dem *e* weg (§ 7). Namentlich tritt Synkope des *e* in der letzten Silbe ein, wenn das folgende Wort vocalisch anlautet: *übr al; einr in; hüenr und.* Auch das schwache *e* der ersten Silbe (§ 25, 1) wird synkopiert, nicht blos vor Vocalen wie in *gahtet géret,* sondern auch vor Consonanten *gnôȥ glîchet blîben.* Doch ist *gelîchen belîben* gewöhnlicher.

5) Inclination. Mehrere kleine häufig vorkommende Wörter werden an ein vorangehendes oder folgendes Wort so angelehnt, dass sie ihren Vocal verlieren, ja zuweilen auch einen dazwischentretenden Consonanten: a) die Praeposition *ze: zallen, ze einen;* die Praeposition *in* (geschwächt zu *en*, vgl. *enhant*): *hien erde;* b) die Negationspartikel *ne* (gewöhnlich an das folgende

2*

Wort angelehnt mit Umstellung zu *en*): *desn mac;* die in 1) angegebenen Wörter verlieren davor ihre Länge: *da enst, son; ich* verliert seinen Consonanten: *ine mac, in weiȝ;* ebenso *joch: jone,* c) die Pronomina personalia: *wiech, deich* aus *daȝ ich, i'ȝ* aus *ich eȝ, i'u* aus *ich iu; swaȝt uns (t = du), sitd Atzen; do er, da 'r inne, dier, dër* aus *daȝ er, du in, ern, erm, sist, si einen; so eȝ, daȝȝ* oder *deiȝ* aus *daȝ eȝ, ims niht;* d) der Artikel *diu* oder *die* vor Vocalen: *dandern, derde, dougen; daȝ* wird zu *deȝ* geschwächt und dann verschliffen: *gewürme deȝ,* oder ganz incliniert: *mirȝ houbet; den* verliert sein *d*: *setze en; des* wird an das folgende Wort angelehnt: *sküneges.* Besonders häufig ist die Inclination nach Präpositionen: *inme, ime (in deme), ûfme, zem, zer, zen, bien, gêns;* e) *ist: derst, diust, dast deist deis dêst dês (daȝ ist), sost;* f) *hie: hinne (hie inne).*

6) Die Diphthongen *iu* und *ou* vor *w* können ihre ursprüngliche Kürze wieder annehmen: *iwer, frowe.*

§ 29. Das Accentverhältnis sowie die Einsilbigkeit werden am strengsten beobachtet im Versschlufs. Um so freier ist dagegen der Versanfang, insbesondere die der ersten Hebung vorausgehende Senkung, der Auftact. Hier finden sich besonders häufig Synaloephen: *da en|sprungen, so ichȝ|;* sogar trotz eines dem schwachen *e* vorausgehenden Consonanten: *do ver|suohten.* In den Nibelungen kommt auch zweisilbiger Auftact vor; doch mufs dann die erste Silbe höher betont sein als die zweite: *und en|phiengen die gëste; nu wer | was der ûf dem schilde || vor dem | Wasgensteine saȝ* (2281, 2). Selbst dreisilbiger Auftact erscheint, stets mit gehobener zweiter Silbe: *daȝ habe | dir ze botschefte* (1900, 4) und *Ir wider | sagt uns nu ze spâte* (2116, 1). Bei Walther ist der zweisilbige Auftact durch Synkope und Apokope des stummen *e* wegzubringen: *Wedr* (82, 17), *küngin* (77, 12), *manc* (77, 22) u. a. *Bot* (10, 17).

Sodann wird im Verseingang auch am häufigsten das Accentverhältnis zwischen Hebung und Senkung verletzt: es tritt dann schwebende Betonung ein, welche man dadurch bezeichnet, dafs der Accent auf den die beiden Silben trennenden Conso-

nanten gesetzt wird. Ein zweisilbiges Wort, vorn mit betonter Länge steht als Auftact und erste Hebung: *mine friunt, wizzet daz* (N. 1996, 1). Oder auf den Auftact folgt als erste Hebung und Senkung ein zweisilbiges Wort oder zwei einsilbige mit dem Tone auf der zweiten Silbe: *ez entuo danne der tôt* (1224, 3). Oder endlich die letzte Silbe des zweisilbigen Auftacts und die erste Hebung werden durch ein zweisilbiges Wort vertreten, welches den Accent auf der ersten Silbe hat: *het ieman geseit Etzeln* (1803, 2). Alle diese Verletzungen des Verhältnisses zwischen Hebung und Senkung im Auftacte kommen bei Walther nicht vor.

§ 30. Die Nibelungenstrophe besteht aus vier Langzeilen, von denen jede durch eine Cäsur in zwei Halbzeilen getheilt wird. Die erste Halbzeile jeder Langzeile hat drei Hebungen, auf deren letzte noch eine Senkung folgen mufs: *Ez tróumde Kriemhìltè*; seltener hat sie vier Hebungen ohne die letzte Senkung: *Dô hiez sín váter Sigemúnt.* Selten wird die letzte Hebung und die folgende Senkung durch eine kurze Stammsilbe und eine Silbe mit stummem *e* gebildet: *lébèn* (2050, 4). Die zweite Halbzeile begreift drei Hebungen: *sîn múoter Sigelint*, in der vierten Langzeile aber vier: *béide wâfen ùnd gewánt.* Die Langzeilen sind paarweise durch den Reim verbunden. Hat die letzte Hebung tonloses *e* (§ 26) so haben gewöhnlich auch die vorhergehenden Hebungen gleichen Klang, so *Uoten: guoten, Hagene: sagene.* Das Schema der Nibelungenstrophe ist also, wenn wir die Hebungen durch ʹ, die nothwendigen Senkungen durch ˋ, und den gleichen Reim durch gleiche Buchstaben bezeichnen, folgendes:

ʹ ʹ ʹ ˋ ʹ ʹ ʹ *a*
ʹ ʹ ʹ ˋ ʹ ʹ ʹ *a*
ʹ ʹ ʹ ˋ ʹ ʹ ʹ *b*
ʹ ʹ ʹ ˋ ʹ ʹ ʹ ʹ *b*

§ 31. Das gewöhnliche Versmass der erzählenden Dichtung ist das der kurzen Reimpare, wodurch immer zwei Zeilen von je vier Hebungen mit stumpfem oder klingendem Ausgange unter einander verbunden werden. Weit mannigfaltiger ist die Bildung der Strophenformen, der Töne in der gesungenen Dichtung. Aufser der verschiedenen Anzahl und Länge der Zeilen wird diese Mannigfaltigkeit hauptsächlich durch die verschiedenen Arten und Stellungen des Reims möglich gemacht. Der stumpfe (männliche) Reim besteht aus einer hoch- oder tieftonigen Silbe, welche, wenn sie kurz ist, noch eine Silbe mit stummem *e* hinter sich haben kann: *vol: wol, leben: geben.* Der klingende (weibliche) Reim begreift zwei Silben, eine lange und eine mit tonlosem *e*: *fráge: láge, krônen: lônen,* oder drei Silben, deren erste kurz ist und deren zweite ein stummes *e* hat: *gebenne: lebenne.* Der Anordnung nach können die Reime gepart sein (es reimen dann die aufeinander folgenden Zeilen): *aabb;* oder überschlagen (gekreuzt) *abab, abcabc;* oder Schweifreime *aabccb.* Zuweilen ist eine reimlose Zeile, eine Waise eingemischt, z. B. W. 48, 10.

Dazu kommen gewisse Reimkünste. Walther gebraucht a) die Binnenreime, durch welche die Verszeile in Abschnitte zerlegt wird, die in derselben oder der entsprechenden Zeile reimen: 6, 32 *In dürstet sére | nách der lére | als er von Róme é was gewon: der im die schancte | und in dá trancte | als é, dá wurde er varnde von.* b) die Schlagreime, welche unmittelbar aufeinanderfolgende Wörter unabhängig vom Endreim verbinden: 47, 16 *Ich minne, sinne lange zit,* in einem wahrscheinlich unechten Liede. c) die Pausen, wobei die Silben am Anfange der Zeile mit dem Ende derselben oder einer andern reimen: 62, 10 *ein klôsenære, ob erȝ vertrüege? ich wæne, er nein;* oder 67, 24 *lobe ich des libes minne, deis der sele leit: si giht, eȝ si ein lüge, ich tobe.* d) Körner d. h. Zeilen, welche auf die entsprechenden der nächsten Strophen reimen z. B. 119, 23. e) Kehrreime oder Refrains, Wiederholungen einer oder mehrerer Zeilen in verschiedenen Strophen z. B. 110, 18. 19.

§ 32. Diese Mannigfaltigkeit der Strophenbildung in den Liedern wird von einem allgemeinen Gesetze beherscht, dem der Dreitheiligkeit. Zwei gleiche Theile, die Stollen bilden zusammen den Aufgesang; der dritte, ungleiche Theil den Abgesang. Zuweilen haben jedoch die beiden Stollen ungleichartige Reime (26, 3), zuweilen auch eine ungleiche Anzahl von Hebungen (78, 24). Auch kommt es vor, dafs der Abgesang zwischen den Stollen steht (26, 3). Der Abgesang wiederholt sich mehrmals hinter der letzten Strophe 74, 16. Ausgenommen von dem Gesetz der Dreitheiligkeit sind hauptsächlich die Tanzlieder, deren Strophen zwei ungleiche Theile haben: z. B. 39, 1.

In allen Strophen (Gesetzen) eines Liedes kehrt dieselbe Form genau wieder. Freier scheinen, und zwar im Auftact, nur die Sprüche zu sein, die einstrophischen Gedichte moralischen oder politischen Inhalts.

Neben den Liedern gibt es aber noch eine ganz verschieden gebildete Art lyrischer Gedichte, die Leiche. Sie waren ursprünglich religiös und für den Gesang einer Menge bestimmt: daher die redende Person meist nicht mit *ich*, sondern mit *wir* bezeichnet wird. Die Hauptmerkmale des Leichs sind erstens, dafs die Strophenform nicht dieselbe bleibt, sondern mit häufigem Uebergang des Sinns aus der einen Strophe in die andere wechselt; und zweitens, dass die Strophen fast durchaus nicht aus drei, sondern aus zwei und zwar gleichen Theilen bestehen. Die Leiche können einfacher oder kunstvoller gebaut sein; der Walthers (3, 1) gehört zu den schwierigeren.

---

st. = stark, sw. = schwach; m. = masculinum, f. = femininum, n. = neutrum; (st. m.) II = umlautend, was bei dem Fem. schon aus dem consonantischen Auslaut des N. Sg. hervorgeht; G. = Genetiv, D. = Dativ, A. = Accusativ; *(eines, einem, ein) d.* = *dinges, dinge, dinc;* wo im G. der Auslaut des Nominativs verdoppelt oder verändert wird, ist die Endung mit dem Schlufsconsonanten des Stammes in Klammern beigefügt. Bei Wörtern, die ihre Bedeutung nicht verändert haben, ist die Uebersetzung weggelassen.

A.

d Interjection an Imperative und Partikeln angehängt: *neind* Nicht doch! *snid sni*

ab, *abe* Praep. mit D. von; Adv. weg, hinab

abelouf st. m. II Wechsel (Ort, wo das Wild zum Schufse vorlaufen mufs)

dbent (*-des*) st. m. Abend; *sunewenden d.* Abend vor Sonnenwende

dbentrôt st. m.

aber, *ab* Adv. wieder, nochmals, dagegen; *et aber* doch wieder, doch noch immer; *swie aber* wie auch

abgründe st. n. Abgrund

æhter st. m. Verfolger; von Gerichts wegen Verfolgter

dventiure st. f. wunderbare Begebenheit, Wunder; Erzählung davon; Abschnitt eines erzählenden Gedichtes

aver = *aber*

after Praep. mit D. nach, über — hin; *a. wegen* dem Wege nach, weg

ahsel st. f. Achsel, Schulter

aht st. f. Schätzung; Stand

ahten sw. beachten, erwägen; *ein d. ahtet mich* etwas kümmert mich, geht mich an *al*, flectiert *aller elliu alleʒ* (vor dem Artikel flectiert und unflectiert *allen den, a. einen tac; al den tac*) all, ganz, jeder; nach *âne* irgend ein; G. Plur. *aller* verstärkt den Superlativ *allerwîseste wîp;* A. Sing. n. *alleʒ, alʒan* Adv. immerfort, durchaus; *über al* insgemein, vollständig; Instrum. *alle* in *mit alle* gänzlich

al Adv. dient zur Verstärkung vor Adj. *alwâr, al eine;* vor Adv. *al dâ* dort, *alher* bis jetzt, *al geliche* gleichmäfsig, insgesammt; vor Praep. *al über, al umbe*

ald = *oder*

allenthalben Adv. auf allen Seiten

almuosnære st. m. Vertheiler der Almosen; Almosenempfänger

alrêrst, alrêst = *allerêrste* Adv. da erst, jetzt erst, erst recht

alsam Adv. ebenso; gleichwie

alsô, alse, als Adv. und Conj. so, ebenso; wie; als

alsus, alsust Ad. auf diese Weise, so

alten sw. altern, alt werden

alter st. m. Altar

alterseine weltverlafsen, ganz allein

althêrre sw. m. alter Herr

alʒan = *alleʒ an*

an, ane Praep. mit D. und A. an, in, zu, auf; *an arme* im Arm, *an gemach füeren* zur Ruhe führen; Adv. an, ein

anbeginne st. n. Anfang

ande sw. m. Zorn

anden sw. strafen, rügen

anderhalp, anderthalben Adv. auf der anderen Seite

anders adverbialer G. anders, sonst, im übrigen

anderswâ Adv. anderswo; anderswohin; nach verschiedenen Seiten

âne Adv. ledig, mit G. *des küneges âne* ohne den König, *eines âne tuon* eines berauben; Praep. mit A. ohne, aufser; *âne daʒ* Conj. ausgenommen dafs

anegenge st. n. Anfang

anegengen sw. als Angang, Vorzeichen begegnen

ange Adv. eng, genau, sorgfältig

anger st. m. Rasenplatz

angest st. f. Bedrängnis, Noth, Gefahr, Sorge

angesten sw. in Sorge sein *umbe einen*

angestlîch gefährlich, gefahrdrohend

antvanc (*-ges*) st. m. Empfang

antwerk st. n. Werkzeug, Maschine

antwürten sw. *eines d.* auf etwas antworten; *einen a.* überantworten, übergeben

ar sw. m. Adler

arbeit, arebeite st. f. Anstrengung, Mühe, Leid

arbeiten sw. sich anstrengen

arc (*-ges*) schlimm, schlecht, nichtswürdig; st. m. Feindseligkeit

arke st. sw. f. Kasten, Truhe

armbouge sw. f. Armring, Armspange

armen sw. arm sein, werden

arnen sw. *ein d.* ernten, die Frucht von etwas empfangen, für etwas büſsen

art st. f. Geschlecht, Abstammung; Art und Weise

arzenîe st. f. Heilmittel; Heilkunde

asche sw. m.

B.

bâbest st. m. Pabst

bâgen st. zanken

balde Adv. schnell; heftig; *b. sagen* zuversichtlich behaupten, *sich b. vröun* sich kühnlich freuen

balsamite st. f. Balsambaum

balsme sw. m. Balsam

balt (*-des*) kühn; keck; rasch

ban (*-nes*) st. m. II

banier st. f. n. Fähnlein am Speer

bannen st. excommunicieren

bar entblöſst

bâren sw. auf Bahren legen

barmenære st. m. Erbarmer

barmunge st. f. Erbarmen

barn st. n. Kind (im Verhältnis zu den Eltern)

base sw. f. Vaterschwester

baȝ Adv. Comp. beſser, mehr; bei Praep. und Adv. der Bewegung steigernd: *von schare b. ze schare*; *hôher b.*, *nâher b.*

bedaȝ Conj. während

bêde, *beide* n. *bêdiu*, *beidiu* beide; *b.* — *unde* Conj. so wohl — als auch

bedenken anom. *ein d.* auf etwas denken, *einen* für jemand sorgen; *sich b.* überlegen, *eines d.* sich zu einer Sache entschlieſsen

bevâhen anom. umfaſsen, umfangen

bevelhen st. anempfehlen

bevinden st. erfahren, merken

bevollen Adv. völlig

begân anom. *ein d.* etwas thun, üben, mit einer Sache umgehn; *sich b.* sich Unterhalt verschaffen; leben

begegene Adv. entgegen

beginnen anom. *eines d.* etwas anfangen; mit Inf. zuweilen nur Umschreibung für die (eintretende) Handlung

behaben sw. behalten, behaupten

behagen sw. gefallen, passen

behalten st. bewahren, aufbewahren; *einen* bewirten

behâhen anom. st. behängen

behanden = *bî handen*

beheften sw. bestricken

behêren sw. *sich eines* sich gegen jemand überheben

behern sw. *einen eines d.* berauben

beherten sw. behaupten, erzwingen

behüeten sw. behüten; verhüten

beide s. *bêde*

beidenthalp, *bêdenthalben* Adv. auf beiden Seiten

beiten sw. warten; im Zaume halten, zwingen

bejagen sw. erwerben

bekennen sw. kennen; erkennen, kennen lernen; *bekant haben* kennen, wifsen; *b. sîn* offenbar, sichtbar sein; *trûren ist mir bekant* ich traure, *mir wirt zürnen b.* ich werde zornig; *b. tuon* kund thun, offenbaren

bekêren sw. umwenden, abwenden, *eines d.* von etwas

bekerkeln sw. einkerkern

beklîben st. fest wachsen, gedeihen

bekomen st. kommen

belangen sw. langweilen; *mich b—t eines* ich verlange, sehne mich nach jemand, *eines d.* etwas verdriesst mich

beleiten sw. begleiten

belîben st. bleiben; unterbleiben

benahten sw. die Nacht zubringen

benemen st. nehmen; *eȥ einem b.* jemand hindern

ber sw. m. Bär

berâten st. *eines d.* versorgen, versehen

berc (*-ges*) st. m. *ze berge* aufwärts

bereden sw. besprechen, von etwas reden; beweisen; *einen eines d.* jemand von einer Anschuldigung befreien

bereit bereit, bereitwillig; Adv. *bereite* bereits

bereiten sw. zurechtmachen; *sich dan b.* sich zur Abreise vorbereiten

bergen st. verbergen; sichern

berihten sw. zurechtmachen, herrichten, bestellen; belehren

berinnen st. überströmen

bern st. tragen; gebähren, hervorbringen; *wol geborn* vornehm

bern sw. schlagen, prügeln

beruochen sw. *einen* sich um jemand bekümmern, sich eines annehmen

bescheiden st. auseinandersetzen; zuweisen; erzählen; auslegen

bescheiden, *bescheidenlich* verständig

bescheidenlîchen Adv. bestimmt, deutlich; verständig, klug

bescheinen sw. zeigen

beschern sw. zu Theil geben

beschirmen, *beschermen* sw. durch Parieren beschützen; abwehren

beschœnen sw. verschönen, verherrlichen; beschönigen

beschouwen sw. schauen; *einen ein d. b. lâȥen* einem etwas beweisen
beseme sw. m. Besen
besenden sw. durch Boten zu sich rufen; *sich b.* die Lehnsleute berufen
besengen sw. versengen
beserken sw. in den Sarg legen
besitzen st. in Besitz nehmen
beslieȥen st. ein-, um-, verschliefsen
besorgen sw. mit Sorge bedenken
besperren sw. zusperren
bestân anom. bleiben; ausbleiben; *tôt b.* auf dem Platze bleiben; *einen b.* angehn, angehören; angreifen, oft *mit strite b.*; *ein d. b.* bestehn, *die warte b.* den Anstand besetzen
beste Adv. am besten
bestellen sw. in Stand setzen
bestiften sw. einrichten
besunder Adv. besonders, abgesondert
besuochen sw. nachsuchen
beswæren sw. mit Sorge, Trauer erfüllen, bekümmern, kränken
betagen sw. zu Tage bringen; den Tag zubringen
bete st. f. Bitte
betiuten sw. deutlich machen, erklären; aussagen
betœren sw. besinnungslos, zum Thoren machen, halten; verspotten
betouben sw. betäuben
betrâgen, *mich b—t eines d.* etwas wird mir zu viel, lästig
betrüeben sw. trübe machen; erzürnen
bette st. n. Lager zum Sitzen oder Liegen
bettedach st. n. Bettdecke
bettestat st. f. Lagerstätte
bettewât st. f. Bettvorhänge, *under die b.* unten an, hinter die Bettvorhänge
betwingen st. bezwingen, zwingen, *ein d. an einem* jemand zu etwas
bewæren sw. als wahr beweisen

bewarn sw. behüten, beschützen, *eines d.* vor etwas; *ein d.* verhüten; *bewart* gesichert; *an zühten wol b.* in Anstand untadelig

bewarten sw. beschauen

bewegen st. *sich eines d.* sich einer Sache entschlagen, sich von etwas lossagen

bewenden sw. zuwenden, geben; *bewant* geartet, sich befindend, ausschlagend; *ze sorgen b.* sorgenvoll

bewinden st. umwinden

bewisen sw. zurechtweisen, belehren, *eines d.* über etwas

bezeigen sw. bezeichnen, anzeigen

bezimbern sw. bauen, bereiten

bezite = *bi zite* bei Zeiten, bald

bezoc (*-ges*) st. m. Unterfutter

bî Praep. mit D. bei, mit; *bî einem wesen* mit einem verkehren; *wunder bî ungefuoge* Wunderbares und dabei Ungeheures

biderbe tüchtig, edel

bieten st. bieten, anbieten; *ein d. an einen b.* einem etwas anbieten; *gendde b.* Dank sagen; *lougen b.* läugnen; *die hant b.* mit Handschlag versprechen; *sich einem ze füezen b.* einem zu Füfsen fallen; inständig bitten; huldigen

bilde st. n. Bild, Zeichen; Vorbild

billiche Adv. mit Recht, von Rechtswegen

binden st.; *daz gebende b.*, den Kopfputz anlegen; *einer b.* einer jungen Frau den Kopfputz anlegen, welcher sie von den Jungfrauen unterscheidet; *ze beine b.* gering achten; *den helm ûf b.* den Helm, der mit Riemen am Kopfe befestigt wurde, aufsetzen; *zelte ûf b.* aufspannen

birge st. n. = *gebirge*

birsære st. m. Jäger

birsen s. *pirsen*

bîspel st. n. Fabel, Gleichnis; Sprichwort

biten anom. bitten, gebieten, befehlen; *eines d.* um etwas bitten

bîten st. warten, *eines d.* auf etwas

bitterlichen Adv. schmerzlich, ingrimmig
biʒ Adv. bis
blâ (*-wes*) blau
blâsgeselle sw. m. Mitbläser
blecken sw. sichtbar sein, blofs liegen
bleichen sw. bleich sein, werden
blicken sw. blitzen; blicken
blîde Adj. und Adv. froh; freundlich
blœde schwach, schwachsinnig
blôʒ entblöfst, besonders von Kleidern und Waffen
blüemen sw. wie mit Blumen verzieren
bluome sw. m. Blume, Blüte
bluot st. m. Blüte
bluotvar (*-wes*) blutgefärbt
buneiʒ s. *puneiʒ*
bœse niedrig, verächtlich, schändlich, schlimm; Adv. *bœslichen* übel, schlimm
borte sw. m. Band von Seide oder Goldfaden
bosch st. m. Busch
bôsen sw. böse, schlimm sein, werden
botenbrôt st. n. Lohn für überbrachte Nachricht
bouc (*-ges*) st. m. Ring, Spange
bôʒen sw. klopfen, pochen, schlagen
brâ st. sw. f. Augenbraue
bracke sw. m. Spürhund
brant (*-des*) st. m. II Feuerbrand; Brand
brechen st. intrans. brechen; dringen; trans. brechen, durchbrechen, reifsen; *den wurf mit sprunge b.* über das Wurfziel hinausspringen
breste sw. m. Mangel
bresten st. brechen (intrans.)
briefen sw. niederschreiben
bringen anom. bringen; vollbringen
brinnen st. brennen
brîs s. *prîs*

brogen sw. sich bäumen; trotzen, sich übermüthig benehmen

brüeven, prüeven sw. zurechtmachen, rüsten, hervorbringen; untersuchen

brunne sw. m. Brunnen, Quelle, frisches Quellwasser

brünne, brünneje, brünege st. f. Panzerhemde aus Stahlringen

brût st. f. Braut, junge Frau

brûtmiete st. f. Brautlohn, Mitgift

buckel st. m. sw. f. halbkugelförmiger Erzbeschlag in der Mitte des Schildes

büeȥen sw. *ein d.* ein Uebel, einen Mangel beseitigen, abstellen; *einem eines d.* jemand von etwas befreien

buggerâmen mit *buckeram* (einem kostbaren Stoff aus Ziegenhaaren) bekleiden

buhurdieren sw. den *buhurt* reiten

buhurt st. m. ritterliches Kampfspiel, wobei man in Scharen mit Speeren auf einander ansprengte

bunt Adj.; als Subst. eine Art Pelzwerk

buoȥ st. m. (?) *mir wirt, ist eines d. b.* ich werde, bin für etwas entschädigt, von etwas befreit

burc (*-ge*) st. f. Burg; Stadt

busûnen sw. posaunen

butze sw. m. Schreckbild; Unhold oder ein so verkleideter Mensch

C. s. K.

D.

dâ Adv. da, dort; wo; auch durch Attraction = *dar dâ* dahin wo; im Eingang erläuternder Antworten; demonstrativ vor Ortsbestimmungen mit Praep.: *dâ ze Becheldren*; vor Adv. und Praep. um diesen demonstrative oder relative Beziehung zu verleihn: *dâ bî* daneben, *dâ mite, von, zuo*; *dar* vor Vocalen und einigen Consonanten: *dar an, in, inne, über* überdies, *umbe, under* dabei, darüber, unterdessen *nâch, zuo* aufserdem, dahin, darauf; abgeschwächt *der*: *derfüre* davor, und syncopiert *drunder*; zuweilen anstatt eines persönlichen Pron.: *die minneclichen dâvon* von welcher . . *im geschach*; verstärkend bei Pron. relativ. *die er dâ hete gewunnen, swer der*

dagen sw. schweigen

danc st. m. Dank; *d. hân* Lob und Preis erhalten; *habe danc!* gut gemacht; *d. sagen* preisen; *dankes* mit Willen, gern; *âne danc* wider Willen

danne, denne, dan Adv. dann; alsdann; also; nach Comparativen als; in Conditionalsätzen mit oder ohne *ne* aufser: *ich enwolde iu danne liegen* aufser wenn ich löge

dannen, dane, dan Adv. hinweg, von da, fort, bei Seite

dannoch Adv. noch immer, noch; beim Praet. damals noch

danwert Adv. wegwärts, hinweg

dar Adv. dahin, dazu, hin, her; wohin, wozu; mit Attraction = *dar dâ* s. *werben; nû dar* nur zu! drauf!

decke blôȝ bedecke die Blöfse!

declachen st. n. Bettdecke

degen st. m. (Knabe) Held

degenheit st. f. Heldenhaftigkeit, Tapferkeit

degenliche Adv. heldenhaft

dehein, hein, dekein, kein irgend ein, kein; *deheiner nie* keiner je

deiswâr, dëswâr = *daȝ ist wâr* wahrhaftig

denkelîn st. n. kleiner Dank

denken anom. denken, gedenken; *eines d. d.* etwas sich vornehmen; mit Inf. oder mit *ze* und Inf. wollen

der diu daȝ 1) Pron. demonstrativum: dieser, der; zuweilen unmittelbar hinter dem Subst.: *Sîfrit der fuorte ir einen*; nach dem Sinne construiert: *swaz ich freuden hète diu liget*; 2) relat. welcher, der; zuweilen = demonstr. und relat. *âne dies* (*die die es*) *ê pflâgen*; mit Attraction: *alles des ich ie gesach* (*des daȝ*); wenn jemand: *der sin hete gegert ze koufen . . was er wol wert*; 3) Artikel: der; zuweilen mit st. flectiertem Adjectiv, besonders dem Pron. poss.: *die mîne mâge*; nach dem Subst. mit dem Adj.: *golt daȝ rôte*, mit dem G.: *phant daȝ Kriemhilde*; vom Subst. durch den G. getrennt: *daȝ Siglinde kint*; mit Praep. zur

Bezeichnung der Herkunft: *der von Spâne; die von Berne;* vor praedicativem Adj.: *Etzel was der küene.* Casus als Partikeln: Acc. Sing. n. *daʒ* in Inhaltsätzen, Folgesätzen: so dafs, in Absichtsätzen: damit, in Ausrufesätzen: dafs doch; mit Praep. *durch daʒ* deshalb weil, damit; mit Zeitadv. *ê daʒ* bevor, *unz daʒ* bis; G. *des* deshalb, darüber, darauf, dazu; Instrum. *diu* nach Partikeln: *sît diu* seitdem; vergleichend in *diu baʒ* um so mehr, *diu gelîche* demgemäfs

deste (= *des diu*), *dester* um so mehr, desto

deweder irgend einer von zweien; keiner von beiden

dicke, dike Adv. oft

dienen sw. dienen, *ein d.* durch Dienst erwerben, vergelten

dienest st. m. und n. Dienst, Dienstwilligkeit

dienstlîchen, dienstlich dienstbar, dienstbeflifsen

diet st. f. Volk, Leute

dieʒen st. schallen, rauschen

dinc (*-ges*) st. n. Sache

dingen sw. gerichtlich verhandeln, Vertrag schliefsen

dingen sw. hoffen

dishalben, dishalp Adv. auf dieser Seite

diu st. f. (G. *diuwe*) Dienerin, Magd

dô, duo Adv. und Conj. da; als

doch Conj. doch; in Concessivsätzen: auch

doln sw. dulden, leiden

dôn st. m. II Ton, Melodie, Lied

dœnen sw. tönen

dörpellich bäurisch

dörperheit st. f. bäurisches Wesen, Roheit

dôʒ st. m. II starker Schall

drâte Adv. eilig, alsbald

dræjen sw. wirbeln

dræte schnell

drien sw. zur Drei machen

driunge st. f. Dreiheit

dringen st. *einen* drängen

drô st. f. Drohung
drôuwen sw. drohen
drûch, drû st. f. Falle, Fangeisen
drüʒʒel st. m. Kehle
dûf st. m. (?) Diebstahl
dulteclich geduldig
dulden, dulten sw. erleiden, erfahren
dumme, in nomine d. = domini
dunken anom. *einen* dünken, scheinen
duo = dô
durch, durh Praep. mit A. durch; wegen, zu, um — willen, aus (Beweggrund); *dur daʒ jâr* das ganze Jahr hindurch, jahraus jahrein
durchsüeʒen sw. durchaus lieblich machen, mit vollem Reize schmücken
durfen anom. *eines d.* bedürfen; mit Inf. nothwendig haben, Ursache zu etwas haben; brauchen; *dörften nimmer bestân* thäten beſser nicht anzugreifen
dürfte st. f. Bedürftigkeit
dürkel durchbohrt, durchlöchert
duʒ (-*ʒes*) st. m. II Schall
dûʒe Adv. da aussen

E.

ê Adv. früher, vordem; Conj. auch mit *daʒ* bevor, ehe, lieber als daſs
ê st. f. Gesetz; Stand
ebenære st. m. Gleichmacher
ebencristen st. m. Mitchrist
ebene Adv. gleichmäſsig, ruhig; so eben; *in eben einem* neben
ebenstarc gleichstark
eberswîn st. n. Eber
êgester Adv. vorgestern
êhaft gesetzmäſsig; begründet, wahrhaft
eht, et, ot Adv. nur; eben, doch

eiden sw. beschwören, mit einem Eide verpflichten

eigen eigen; hörig, leibeigen: *eigen man;* st. n. Eigenthum, Grundeigenthum. Adv. *eigenlichen* als, wie ein Leibeigner

einer einiu einez Zahlwort: unflectiert in *ein ander* einer dem, den andern; *über ein* insgesammt, durchaus; *einer niht* nicht ein einziger; *min eines hant* ich allein; 2) unbestimmter Artikel, auch im Plur. gebraucht: *ze einen sunewenden;* zuweilen wo wir den bestimmten Artikel setzen: *an einen sant* an das Ufer, *grüener dann ein gras* als das Gras; vor Superlativen mit dem bestimmten Artikel verbunden: *ein der allerbeste* einer der allerbesten; *ein* fehlt nach *ie, iemer: ie fuoz* je einen Fuss

eine Adv. allein, einsam; *eines d.* beraubt einer Sache, ohne etwas

einhalp Adv. auf der einen Seite

einic (*-ges*) einzig

einlætic (*-ges*) stets gleich gewichtig, beständig

einst = *eines* adverbialer G. einmal

einunge st. f. Einheit

eischen st. verlangen, fordern

eislich schrecklich, furchtbar

ecke st. f. Schneide, Schärfe

elch st. m. Elenthier

ellen st. n. auch Pl. (Eifer) stürmische Kraft, Tapferkeit

ellende fern von der Heimath, fremd, verbannt, unglücklich; st. n. Fremde, Verbannung

ellenden sw. *sich* auswandern

ellenhaft, ellenthaft stürmisch, muth- und kraftvoll

en s. *ne*

enbern st. *eines d.* ohne etwas sein, nicht haben, frei bleiben von

enbieten st. sagen lassen, *bi einem* durch jemand; *dienst e.* Dienstbereitschaft melden lassen

enbizen st. (*bin enbizzen*) Mahlzeit halten

end = *ê* Adv. und Conj. ehe

ende st. m. und n. Ende: *an dem e.* zuletzt; *unz an den e.* bis zuletzt; oft *ein e.* das Ende, *dêst ein e.* das steht fest, *eines d. an ein ende kumen* vollständig erfahren, *ein e. geben eines d.* vollständig erzählen, *an allen e.* nach allen Seiten hin, *viern enden* an vier Enden

endelichen, endeclichen Adv. vollständig, sicherlich, entschieden

enden sw. beenden, vollenden

ener = *jener*

enein, eneine Adv. zusammen; *e. werden eines d.* etwas beschliessen

engân anom. entgehn

engegene, enkegene Adv. entgegen

engelten, enkelten st. *eines d.* für etwas entgelten, büſsen, Nachtheil von etwas haben

engestlich gefahrvoll

engieȝen st. ausgieſsen

enhant, enhende Adv. in der, in die Hand

enheineȝ = *ne deheineȝ*

enmitten Adv. inmitten, in der Mitte; *enmitten zwei* mitten entzwei

enouwe Adv. stromabwärts

enphâhen anom. empfangen, aufnehmen, willkommen heiſsen *in ein lant*

enphelhen st. anempfehlen

enphinden st. *eines d.* etwas merken, fühlen

enphliehen st. entfliehen

ensamt Adv. zusammen

enthalten st. aushalten, ertragen; *sich* Halt machen, halten

entladen st. ausladen

entrennen sw. lostrennen

entrihten sw. in Unordnung bringen

entrinnen st. entfliehen

entriuwen Interj. traun, wahrhaftig

entslieȝen st. aufschlieſsen, öffnen

enstân anom. verstehen, einsehen, bemerken

entsweben sw. einschläfern

entswellen st. abnehmen; besänftigt werden

entwâfen (eigentlich *-fenen*) sw. die Rüstung abnehmen

entwenen sw. entwöhnen

entwern sw. *eines d.* etwas nicht gewähren, versagen
entwesen st. *eines d.* ohne etwas sein
entwich st. m. Flucht, Entweichung
entwichen st. weichen, *einem ûȥ helfe* von jemandes Verteidigung
entwonen sw. sich entwöhnen
enweder keiner von beiden
enwiht s. *wiht*
enzünden sw. anzünden
enzwischen Praep. mit Dat. und Adv. zwischen
er siu eȥ Pron. der III Person, im D. *im, ir, in* auch reflexiv. *eȥ* als unbestimmtes Subject bei Impersonalien; bei invertierten Sätzen der III Person vorausgeschickt; vor Nennung des Namens: *ich binȥ Hagene;* als unbestimmtes Object s. *eȥ vriden, süenen, wol tuon* u. a.
er vor Namen und Titeln = *her*
erarnen sw. = *arnen*
erbarmen sw. *einem, einen* jemand zum Erbarmen bewegen
erbeit = *arebeit*
erbeiten sw. *eines* jemand erwarten
erbeiȥen vom Pferde absteigen
erben sw. vererben
erbermde st. f. Barmherzigkeit
erbieten st. erweisen, *eȥ einem güetliche, minnecliche* einem Freundlichkeit erweisen
erbinden st. losbinden
erbiten anom. durch Bitten erlangen
erbiten st. warten; *eines, eines d.* jemand, etwas erwarten
erblenden sw. blenden
erborn geboren, angeboren
erbrinnen st. anbrennen (intrans.)
erbunnen anom. *einem, eines d.* einem etwas missgönnen
erbürn sw. erheben
erdieȥen erschallen; von lebenden Wesen: aufschreien, brüllen
erdringen st. durch Drängen gewinnen
erdürsten sw. verdursten

erdwingen s. *ertwingen*

êre st. f. oft Plur. Ansehn, Ruhm, besonders Kriegs- und Siegesruhm; Herrlichkeit; edle Gesinnung; Ehre; *dur ê.* um der Ehre willen, *dur eines ê.* jemand zu Ehren; *nâch êren* auf ehrenvolle Weise, in Ehren

ervarn st. durchfahren; erforschen, *an einem* bei einem

ervällen sw. fällen, niederhauen

ervinden st. gewahren; kennen lernen, erfahren; *bî einem* durch jemand, *an einem* jemand etwas abfragen

erfiuhten sw. feucht machen, erfrischen

ervollen sw. *den muot* die Lust befriedigen

ervorhten sw. fürchten

erfüllen sw. füllen; Kleider: mit Pelz füttern

erfür = *herfür*

ergâhen sw. ereilen

ergân anom. ergehn, geschehn; enden, ausschlagen

ergeben st. übergeben, in die Gewalt geben

ergetzen sw. *einen eines d.* (*ein d.*) jemand etwas vergefsen machen,· für etwas entschädigen

erglesten sw. erglänzen

ergraben st. eingraben, gravieren

erheben anom. aufheben, anfangen; mit erhabner Arbeit verzieren

erhellen st. erschallen, tönen

erhœren sw. hören

erholn sw. *sich* sich aufraffen, wieder erheben

erhouwen sw. st. aufhauen

eriteniuwen sw. erneuen

erkennen sw. kennen; erkennen; *erkant* bekannt, erprobt; *ûȥerkant* = *ûȥerkorn*

erkiesen st. ausersehn, auserwählen; *ûȥerkorn* auserlesen

erkôsen sw. *sich* sich plaudernd unterhalten

erkrimmen st. mit den Krallen zerhacken

erkunnen sw. erforschen, erfahren

erküelen sw. abkühlen, kühl machen

erkuolen sw. kühl werden
erlaben sw. laben, stärken
erlâʒen st. *einen eines d.* einem etwas erlafsen
erlesen st. lesen
êrlich ehrenvoll, ansehnlich, vortrefflich; Adv. *êrlichen*
erlîden st. sich gefallen, geschehen lafsen
erliuten sw. laut werden; von Hunden: zu bellen beginnen
erloufen st. im Lauf erreichen
ermanen sw. *einen eines d.* jemand an etwas erinnern
ermen sw. arm machen
ermordern sw. ermorden
ernern sw. am Leben erhalten
ernestlichen, ernslichen Adv. kampfbereit
erniuwen sw. erneuen; *sîn vart wart erniuwet von heiʒem bluote naʒ* seine Fährte ward frisch beschneit, frisch begossen mit heifsem, nafsen Blute
êrre früher
errechen st. vollständig rächen
erreiʒen sw. aufreizen
erschamen sw. *sich* sich zu schämen beginnen, voller Scham werden
erscheinen sw. zeigen
erschellen st. erschallen; sw. erschallen lassen
erschrecken st. und sw. *erschricken* sw. zusammen-, zurückfahren; erschrecken, in Schrecken gerathen
ersehen st. gewahren, merken
ersmielen sw. zu lächeln anfangen
ersprengen sw. zum Springen bringen, aufjagen
êrst, Ordinale der Einzahl; *zem, von êrsten* zuerst; *êrste* Adv. erst, zuerst
ersterben st. sterben
erstrîten st. durch Streit erlangen, bewirken
ersuochen sw. prüfen
erteilen sw. urtheilen, *einem* zusprechen
ertoben sw. zu rasen beginnen, *des muotes* im Geiste; *ertobt* rasend geworden

ertœren sw. zum Thoren machen, von Sinnen bringen, betäuben
ertören sw. zum Thoren werden
ertwingen, erdwingen st. erzwingen, zwingen
erwagen sw. sich hin und her bewegen
erwarmen sw. warm werden
erwegen sw. bewegen, erregen
erwenden sw. zum Abstehn bringen; *eines d.* von einer Sache abbringen; *ein d.* abwenden
erwerben st. erwerben, ausrichten
erwern sw. abwehren
erwihen st. ermatten
erwinden st. abstehn, umwenden; *eines d., an einem d.* von einer Sache ablaſsen
erzeigen sw. zeigen, aufweisen
erzenie st. f. Arzneikunst
erziehen st. aufziehn, züchtigen; züchtigen
erziugen sw. beweisen, zeigen
erzünden sw. entzünden, entflammen
erzürnen sw. zornig werden
eteslich, etelich mancher, irgend einer
eteswenne, ettewenne Adv. irgend ein Mal

F. V.

vach st. n. Reihe von Faden, Ringen u. a.
vadem st. m. Faden
vâhen anom. faſsen, ergreifen, gefangen nehmen; *ane v.* anfangen; *vâhe zuo mir* ziehe an mich
val (-*les*) st. m. II Fall; *der tœtliche v.* der Tod; *ze valle geben* ins Verderben stürzen
val (-*wes*) fahl, entfärbt
vâlandinne st. f. Teufelin
vâlant (-*des*) st. m. Teufel
falde st. sw. f. Einschlagtuch, Tuch zum Einschlagen von Kleidern
vallen st. fallen; zufallen

valsch falsch, treulos; st. m. Falschheit, Treulosigkeit; falsches Geld

vane sw. m. Fahne

vanke sw. m. Funke

valwen sw. fahl werden

var (*-wes*) farbig, gefärbt; *nâch einem d.* von etwas

vâr st. f. Nachstellung; *einem ze vâre* zu eines Verderben, gegen jemand

vâren sw. lauern, trachten, streben

værен sw. nachstellen

varn st. sich fortbewegen; fahren, ziehn, reisen; *varende* herumziehend: vergänglich; fähig zu gehn, gesund; *v. guot* bewegliche Habe; *v. diet* wandernde Sänger: *mit einem v.* mit einem umgehn, *mit einem d.* mit etwas verfahren; *eȝ vert umbe einen* es geht mit einem; *wol v.* sich wol befinden; *slâfen v.* schlafen gehn; *ich bin gevarn* mir ist es ergangen

vart st. f. II Fahrt, Weg; Spur; *an die v.* auf den Weg

vaste Adv. fest, dicht, nahe; stark

vastenkiuwe st. f. Fastenspeise

vaterlichen Adv. väterlich

vaȝȝen sw. fassen, ergreifen, nehmen

vêch (*-hes*) bunt

vedere sw. f. Feder; Plur. flaumiges Pelzwerk

vehten st. fechten; kämpfen; sich abmühn; *ane v.* beunruhigen

veige dem Tode bestimmt, verfallen; eben getödtet; Adv. *veicliche* hinfällig

vellen sw. fällen, zu Falle bringen

velsche st. f. Falschheit

velschen sw. fälschen; *gevelschet varwe* Schminke

venster st. n. Fenster, Fensteröffnung

verbern st. unterlassen, vermeiden

verbieten st. verbieten; zu hoch verwetten

verbinden st. festbinden, aufbinden

verch st. n. innerstes Leben, Sitz des Lebens

verchbluot st. n. Lebensblut, Herzblut

verchgrimme so wüthend, dass es ans Leben geht, todesgrimmig

verchtief tief bis aufs innerste Leben

verchwunde sw. f. Todeswunde

verchwunt (*-des*) todwund

verdagen sw. verschweigen, *einen ein d.; verdaget sîn eines d.* mit etwas verschwiegen sein, zurückhalten

verdenken anom. *sich* sich bedenken, vorsehn

verdienen sw. (durch Dienst) erwerben, vergelten; sich verdienen

verdieȝen st. austönen, verhallen

verdrieȝen st. *mich verdriuȝet* mir wird zuviel; *eines, eines d.* jemand, etwas fällt mir lästig

verdringen st. verdrängen

vereinen sw. vereinigen, *sich eines d.* sich in Besitz einer Sache setzen

vereischen st. erfahren

vereiten sw. verbrennen, durch Feuer verwüsten

verenden sw. zu Ende bringen, vollenden; zu Ende kommen; enden

vervâhen anom. *einen* fördern, einem helfen

vervarn st. vergehn

vervellen sw. zu Falle bringen

vergân anom. *einen* vorübergehn an

verge sw. m. Fährmann

vergeben st. *einem* Gift geben, vergiften

vergebene Adv. vergebens, umsonst

vergelten st. zurückzahlen, bezahlen

vergeȝȝen st. *eines d.* etwas vergessen; *sich an einem d. v.* einen Fehltritt begehn mit, sich irren in

vergiseln sw. *einen* verpfänden, zum Pfande geben

verguot Adv. (*-vür guot*) *nemen* annehmen, vorlieb nehmen

verheln st. *einen ein d.* einem etwas verheimlichen

verhêren sw. durch Hoheit entfernen

verholne Adv. heimlich

verhouwen st. in Stücke hauen; verwunden, erschlagen

verjehen st. *eines d.* etwas aussagen, bekennen; versprechen; *einem eines d.* einem etwas nachsagen, zugestehn
verirren sw. irre führen, *einen eines d.* berauben
verkebesen sw. zum Kebsweib machen, Kebse nennen
verkêren sw. verändern, umwandeln; besonders zum schlimmen: übel deuten, verleumden
verkiesen st. *ein d.* aufgeben; *ûf einen* einem verzeihen
verklagen sw. *einen* zu beklagen aufhören, verschmerzen
verlâʒen st. loslafsen; unterlafsen, lafsen, verlafsen
verliesen st. verlieren, verderben; nutzlos thun
verligen anom. liegend versäumen; Part. *verlegen* in Trägheit versunken
verlisten sw. überlisten
vermelden sw. verrathen
verme33en st. *sich* das Mafs seiner Kräfte zu hoch anschlagen, *eines d.* sich einer Sache erkühnen; Part. Praet. kühn
vermîden st. *ein d.* unterlafsen
vermissen sw. verfehlen, fehlgehn
vernemen st. erfahren, hören, *umbe einen* von einem
verphlegen st. aufhören zu pflegen, aufgeben
verphlihten sw. *sich ze einem d.* sich hingeben an, Theil nehmen an
ferrans st. m. (?) Zeuch von Seide und Wolle, Ferrandine
verre fern, entfernt, weit; Adv. fern, weithin, *verre dan;* bei Comparativen: weit; Superl. *verrist* Adv. in der weitesten Ferne
verren sw. *einem* entfernen von
verrihten sw. schlichten, in Ordnung bringen; zerstören (?)
verrücken sw. aus der Stelle bringen, verrücken
versagen sw. abschlagen; *einem v.* oder *dienst v.* Dienstbereitschaft aufkündigen
verschallen sw. überlärmen, übertönen
verschampt sich nicht mehr schämend, schamlos
verschelken sw. knechten, erniedrigen
verschragen sw. versperren durch Balken
verschrenken sw. mit Schranken umziehn

verschrôten st. zerhauen; zerschneiden, kurz schneiden
verschulden sw. verdienen; eine Schuld abzahlen
versehen st. *sich* vermuthen, *eines d.* auf etwas rechnen
versêren sw. verletzen
versinnen st. *ein d.* merken, *sich* sich besinnen, entschliefsen; *sich eines d.* sich einer Sache bewust sein, etwas bemerken
versitzen anom. *ein d.* sitzend, wohnend versäumen; Part. *versezzen* falsch, übel niedergesessen
versmâhen sw. *einem* geringfügig vorkommen, gleichgiltig, zuwider sein
versnîden st. durchschneiden, verwunden; verkürzen
versolden sw. besolden, beschenken
versoln sw. verschulden, verdienen; die Schuld abtragen, vergelten
versparn sw. schonen
versprechen st. verreden, abweisen
verstân anom. warnehmen, bemerken; *ze arge* als Feindschaft auslegen; *sich v.* verstehn, sich besinnen, *eines d.* bemerken; Part. *verstân* verständig
versteln st. wegstehlen
versûmen sw. vernachlässigen, *sich v.* säumen
versuochen sw. versuchen, erproben; besonders *sich v.* durch Angriff und Kampf sich mit jemand mefsen; *ez an einem v.* sich an jemand machen
verswachen sw. schänden
verswenden sw. verschwinden machen
verswenken sw. wegschwingen, *gâbe* freigebig austheilen
verswern anom. verschwören
vert Adv. voriges Jahr, im vorigen Jahre
vertragen st. hingehn lafsen, ertragen
vertrîben st. wegtreiben, abtreiben
vertuon anom. verbrauchen, weggeben
vervælen sw. verfehlen, nicht treffen
verwænen sw. *sich* glauben, *eines* jemand zu finden hoffen
verwarren dialektisch für *verworren* Part. Praet. von *verwirren*

verwæjen st. (wegblasen) verderben; verfluchen
verwegen st. *sich eines d.* sich zu etwas entschliessen
verweisen sw. verwaisen, berauben
verwenden sw. hinwenden, hingeben
verwesen st. vernichten
verwieren sw. einlegen
verwinden st. verschmerzen
verwiʒen st. zum Vorwurf machen
verzagen sw. von einer That abstehn, zurückweichen; *eines d.* aufgeben, versäumen
verzihen st. aufgeben, verzichten auf
verziln sw. durch Zielen verderben
verzinsen sw. *ein d.* Zins geben für
vesten (*-enen*) sw. befestigen, versichern, zusichern
veter sw. m. Vatersbruder
veʒʒel = *schiltveʒʒel*
viant, vient, vint (*-des*) st. m. Feind; Comp. *vinder* feindseliger
videlære st. m. Fiedler, Geigenspieler
videle sw. f. Fiedel, Geige
vil Adj. nur im unflectierten n. vorhanden; mit G. wo wir 'viel' adjectivisch gebrauchen: *vil der riche* viele Reiche; Adv. sehr, vor Compar. viel
villen sw. schinden, geiſseln, strafen
vinden st. finden, antreffen, erfahren, *an einem* an oder von einem
vingerlîn st. n. Fingerring
vinster st. f. Finsternis
fiuhte st. f. Feuchtigkeit, Naſs
viuwerstat st. f. Feuerstätte
vlêgen, vlêhen sw. demüthig und inständig bitten, flehen
vliesen = *verliesen*
vlieʒen st. flieſsen, schwimmen, vom Wasser getragen werden
flinsherte kieselsteinhart
vliʒ st. m. Eifer, Sorgfalt; *v. hân eines d.* Fleiſs, Sorgfalt auf etwas wenden; *ze vliʒe* eifrig, sorgfältig

vlizecliche, -lich Adv. eifrig, sorgfältig

vlizen st. auch *sich vl.* eifrig sein; *eines* für jemand sorgen, *eines d.* etwas eifrig betreiben

vloite sw. f. Flöte; *vloitieren* sw. Flöte blasen

vlüetic (*-ges*) flutend, strömend

vluot st. f. Flut, strömendes Wasser; *bi der vluote* am Strande

vluz (*-zes*) st. m. II das Fliefsen, Strömen

voget, vogt, voit st. m. Vormund, Verweser, Schirmherr, Fürst

vol (*-les*) Adj. voll, vollständig; *vol, vollen* Adv. völlig, ganz, bis zu Ende: *vol sprechen* ausreden, *vol komen* bis hin gelangen

volc st. n. Volk, Heer, Heerschar

volfüegen sw. vollständig schaffen, vollenden

volge st. f. Nachfolge; Zustimmung

volgen sw. folgen, begleiten, einholen; auch *mite v.; eines d. v.* in etwas gleichkommen; folgsam sein, befolgen

volle sw. m. Fülle, Vollständigkeit; *iuch endûhte niht der v. an* euch schien es nicht genug zu sein mit; *mit vollen* in Fülle, völlig

volleclich Adj. und Adv. völlig; *vollecliche* Adv. ganz, durchaus

vollemezzen vollständig, vollwichtig

volrecken sw. ganz sagen; vollstrecken

volziehen st. *eines d.* etwas ausführen

von Praep. mit D. von, von — her, von — weg, von — heraus, aus, wegen

vor Adv. vorn; vorher; Praep. mit D. vor

vorhte st. f. auch Plur. Furcht, *ze einem* oder *an einen* vor einem

vorhtlich furchtbar

vrâgen sw. *eines* oder *eines d.* nach einem, einer Sache

vrevellichen Ad. kühn; muthwillig

vreveln sw. gegen das Recht handeln

vreischen st. erfahren, vernehmen

freislich, freissam schrecklich, gefährlich; Adv. *freislichen*

vremde, vrömde fremd, fern, unbekannt, selten

vremden sw. meiden

freudehelfelôs ohne Freude und Hilfe

vrî frei, *v. von* ohne; *sprûche v.* sorglos im Reden, freimüthig
vride st. m. Frieden, Waffenstillstand, Schonung
videbære friedliebend
vriden sw. *eȥ v.* Frieden schaffen; *einen v.* beschützen
vriedel st. m. Liebster, Geliebter
vrist st. f. Zeitraum
vristen sw. unversehrt erhalten; verzögern
vrîthof (*-ves*) st. m. Vorhof, Kirchhof
vriunden sw. Freunde suchen, sich befreunden
vriunt (*-des*) st. m. (N. und A. Plur. *vriunt*) Freund, Verwandter; Gefolgsmann; Freundin
vriuntlich freundlich; Adv. *friuntliche* in der Weise eines Freundes, gütig
vriuntschaft st. f. Freundschaft, Verwandtschaft
vrô Adj. und Adv. froh, *eines d.* über etwas
vrôn dem Herren, besonders Gott gehörig, heilig
frônebære heilig
frônebote sw. m. Abgesandter des Herrn
vröude st. f. oft Plur. Freude, Vergnügen
vröuwen, vreuwen sw. erfreuen; *sich eines d.* sich über etwas freuen
vrouwe, vor Namen: *vrou*, sw. f. Herrin, Dame, Frau; *hêre frouwe!* heilige Mutter Gottes!
frouwelîn st. n. junges Mädchen oder Mädchen niederen Standes
früeje, fruo Adv. früh
vrum tüchtig; st. sw. m. (im Reim auch *vrun*) Vortheil, Nutzen
vrümekeit st. f. Tüchtigkeit
vrumen sw. fördern, schicken, schaffen; *einem* helfen; bei praedicativem Adj. machen: *tôt fr.* todtschlagen; *vallen frumen* zu Falle bringen
füegen sw. trans. verbinden, *einem ein d.* zu Theil werden lafsen, bescheren; mit Inf. oder Nebensatz: bewirken; *sich f.* sich ereignen
vüeren sw. führen, bringen, tragen
fuoder st. n. Fuder, Fuhre
vuoge st. f. Anstand; Kunst

fuore st. f. Benehmen, Handlungsweise

fuoȝ st. m. II Fuſs, *einen f.* einen Fuſs breit; *an den f. gân* dicht vor jemand hintreten, *für die füeȝe* in den Weg treten

für Praep. mit A. vor, zu, gegen, vor — hin, vorbei an; anstatt; Adv. vorwärts, hervor, voraus, vorüber

fürbaȝ Adv. weiterhin, fürderhin

fürbrechen st. *ein d.* über etwas hinausgehn, hingehn

vürbüege, fürgebüege st. n. Brustriemen der Pferde

fürder Adv. weiter, fort

vürewise Adv. vom rechten Wege ab; vergeblich

fürgebüege s. *vürbüege*

fürgedanc st. m. Vorsehung, Voraussicht

fürgespenge st. n. Spange vor der Brust

vürhten anom. *ein d.* und *eines d.*; *eines* für jemand

furrieren sw. füttern

furt st. m. II

G.

gâch (*-hes*) und *gæhe* Adj. und Adv. eilig; *mir ist gâch* ich habe Eile, bin eilig, eifrig; adverbialer G. *gâhes* eilig

gadem st. n. Gemach, Zimmer

gagensidele st. n. Sitz gegenüber (dem Wirte), Ehrenplatz

gâhe sw. m. Schnelligkeit, Eile

gâhen sw. eilen; *eines d.* beschleunigen

galle sw. f.

gampelspil st. n. Possenspiel

gân, gên anom. gehen, kommen; mit Inf.: um zu; *an ein d.* etwas beginnen, angreifen; *abe gân eines d.* von einer Sache abstehn; *umbe gân* hergehn, sich wenden; *einem zuo g.* nahen

ganz unversehrt, vollständig, voll

gar (*-wes*) fertig, bereitet, gerüstet; Adv. ganz, vollständig, insgesammt

garzûn st. m. Fuſsknappe, Page

gast st. m. II Fremder, besonders fremder Krieger

ge- tritt vor Verbalformen, die nicht mit Praepositionen zusammengesetzt sind, verstärkend und die Handlung abschliefsend; verleiht daher dem futurischen Praes. die Bedeutung des Fut. exact., dem Praet. die des Plusquamperfects: *obe dir got gefüeget* wenn dir Gott beschert haben wird; *dô die wegemüeden ruowe genâmen* sich Ruhe bereitet hatten; sehr häufig vor Inf. die von den Praeteritopraesentien abhängen: *kunde gevolgen*

gebe st. f. Gabe

geben sw. beschenken, *einen mit einem d.*

gebære, gebærde st. f. Gebährde, Betragen, Haltung; *in den gebæren* mit dem Anschein

gebâren sw. sich benehmen

gebende st. n. Bande; Kopfputz der Frauen

gebieten st. befehlen; antreiben; anbieten; *swaȝ, swie ir gebietet* was, wie es euch beliebt; *got sol gebieten* möge fügen; *aller miner êren der got an mir gebôt* die Gott mir verlieh; *gebiut mir* hast du noch etwas zu befehlen? (Bitte um Urlaub).

gebreste sw. m. Mangel

gebresten st. gebrechen, mangeln; *mir gebristet eines d.* oder *an einem d.*

gebûre sw. m. Bauer

gedanc st. m. das Denken

gedigene st. n. Schar der *degene*, Rittergefolge

gedîhen, gedien st. Fortgang haben, in einen Zustand kommen

gedinge sw. m. st. n. Hoffnung, Vorsatz

gedranc (*-ges*) st. m. Gedränge

gevâhen st. intr.: eine Richtung nehmen, *nâch dem künne* in die Art schlagen

gevar (*-wes*) gefärbt, farbig; *lieht g.* hellfarbig

gevelle st. n. abschüfsige oder durch umgestürzte Bäume, herabgerollte Felsen unwegsame Gegend

geverte st. n. Art zu *varn*, Ausrüstung, Aussehn

gevieret viereckig

gefriunt (*-des*) mit Freunden versehen, befreundet

gevüege schicklich; gewandt, artig, fein; Adv. *gevuoge*

gefügele st. n. Vögelvolk

gegen, gein, gên Praep. mit D. gegen, gegenüber; Adv. entgegen

gehaben sw. halten; *vor g.* vorenthalten; *sich g.* sich befinden, benehmen

gehaȥ (-*ȥes*) feindlich, feindselig

geheften sw. haften

geheiȥ st. m. Versprechen

gehilze st. n. Schwertgriff

gehiure lieblich, hold

gehovet nach dem Hofe gerichtet

gehünde st. n. Hundeschar

geil froh

gejeide st. n. Jagd; Jagdbeute

gelangen sw. verlangen, *sich eines d. gel. lâȥen* sich nach einer Sache gelüsten lafsen

gelâȥ st. m. n. Bildung, Gestalt

geleben sw. leben, *ein d.* erleben

geleite st. n. Geleit, Schutz, Begleitung; sw. m. Begleiter

gelf, gelph glänzend; lustig, übermüthig, frech; st. m. Uebermuth

gelich gleich, *eines g.* einesgleichen; Adv. *geliche* gleichmäfsig, gleich; *g. ligen* auf dem gleichen Spiele stehn; *dem g. tuon* durch Thaten beweisen

gelichen sw. vergleichen, gleichstellen; *sich* gleichkommen

gelingen st. *mir g—t wol* ich habe Erfolg, es geht mir gut

gelouben sw. glauben; *sich eines d.* etwas aufgeben, von einer Sache abstehn

gelt st. m. und n. Zahlung; Rente, Einkünfte; Ersatz; Pfand

gelten st. zurückgeben, bezahlen; wert sein

gelübde st. n. Versprechen, Gelöbnis

gelust st. m. II und f. Verlangen; Lust, Freude

gemach st. m. Ruhe, Bequemlichkeit, Annehmlichkeit

gemahele st. f. Verlobte, Gemahlin

gemeine gemeinsam, allgemein, übereinstimmend; *eȥ g. haben* zusammenhalten, verbündet sein; Adv. insgemein; st. f. Gemeinschaft, Antheil

gemeit froh, freudig; ansehnlich, stattlich, auch *wol g.*

gemelich lustig, scherzhaft

gemüete st. n. Stimmung

gemuot gesinnt, gestimmt, *hôchg.* frohsinnig, freudig

gén s. *gegen*; s. *gân*

genâde st. sw. f. Herablassung, Huld, Güte; *eines g. hân* sich über jemand erbarmen; *g.* in der Anrede elliptisch: ihr seid gütig, ich danke, oder: seid gnädig, ich bitte; daher *genâde sagen* Dank sagen

genædeclichen Adv. huldvoll

genæme angenehm, beliebt

genesen st. mit dem Leben davonkommen, am Leben bleiben

genieten sw. *sich g. eines d.* sich an einer Sache sättigen, erfreuen

genieȥen st. *einen* oder *eines, eines d.* von einem, einer Sache Nutzen haben; auch ironisch: für etwas büfsen; *g. lân eines d.* etwas zu gute kommen lassen; *genoȥȥen* activisch: Vortheil habend; *genoȥȥen hân* von Hunden, die ein Stück Wildpret bekommen haben, um die Fährte desto eifriger zu verfolgen

genœte eifrig, *eines d.* begierig nach; Adv. *genôte* eifrig, fleifsig, heftig

genôȥ st. m. Standesgenofse, *eines g.* einem an Würde gleich; *mîn g.* meinesgleichen

genuoc (*-ges*) genug, Plur. hinreichend viele

gepiuȥe st. n. Stofs, Schlag

ger, gir st. f. Begierde, Verlangen, *mir ist g.* ich strebe

gêr, gêre st. und sw. m. Spiefs zu Wurf und Stofs

gêre sw. m. Schofs des Kleides

gereht geschickt, bereit

gereite st. n. Reitzeug

gerinc (*-ges*) st. m. Bemühung

gerlich Adv. gänzlich

gern sw. *eines d.* begehren, *an einen* und *ze einem* von einem *gerne* Adv. mit Vergnügen, gern, leicht; Compar. *gerner* lieber, mit mehr Lust

gerwen sw. rüsten

gesæʒe st. n. Sitz; Lager

geschehen st. *einem geschiht* wird zu Theil; auch: jemand thut

geselle sw. m. Gefährte, Freund; Freundin

gesellen sw. *sich* sich mit einem Gefährten verbinden

gesellesschaft st. f. Waffenbrüderschaft

geselliclîche Adv. zu, in Gesellschaft

gesidele st. n. Einrichtung zum Sitzen

gesinde st. n. Dienerschaft; Kriegsgefolge; sw. m. Gefolgsmann

gesinden sw. zum Gesinde machen

gesite geartet, gesinnt

gesiune st. n. Gesicht

gesmîde st. n. Geschmeide, Reitzeug

gespan st. n. *ringes g.* Ringgeflecht, Panzer

gespenge st. n. Spangen an der Rüstung

gestalt bestellt, beschaffen

gestân, gestên anom. stehen bleiben, bleiben, unterbleiben; *eines d.* gegen etwas Stand halten; *einem g.* zur Seite treten, beistehn; *einem eines d.* einem bei einer Sache helfen, etwas erlauben

gesteinet mit Edelsteinen besetzt

geströut Part.; dann Subst. hin und wieder aufgesetzte Stücke Pelzwerk

geswichen st. ermatten, *einem* jemand im Stiche lassen

geswîgen st. verstummen

getriuwe zuverlässig, anhänglich, treu

getürstic (*-ges*) kühn

getwerc (*-ges*) st. n. Zwerg

getwergelîn st. n. Zwerglein

getwerginne st. f. Zwergin

gewæfen st. n. Rüstung, Waffen

gewæte st. n. Kleidung

gewahs scharf

gewalt st. m. Gewalt, Herrschaft, Befehl; Gewaltthätigkeit *gewaltic* (*-ges*) mächtig, *eines d. g. sin* über etwas gebieten

gewalticlich Adv. mit Gewalt

gewerbt, *gewerp* (*-bes*) st. m. Geschäft, Werbung

gewerlichen Adv. wehrhaft; = *gewarlichen* behutsam

gewinnen st. *ein d.* erwerben, erlangen; holen; überwältigen; *an einem* einem abnehmen, abgewinnen; *einen von einem d.* abbringen

gewon gewohnt, geartet

gewonheit st. f. Gewohnheit, Sitte

gewonlich der Sitte gemäſs

gewürhte st. f. gewürkte Arbeit

gezierde st. f. Schmuck

gezimber st. n. Gebäude

geziuge sw. m. Zeuge

gezogenlich wohlerzogen, anstandsvoll; Adv. *gezogenliche*

gieȝfaȝ st. n. Gieſskanne

gift st. f.

gigære s. m. Geiger

gige sw. f. Geige

gimme st. sw. f. Edelstein

gisel st. Kriegsgefangener, Geisel

gitekeit st. f. Habgier

gitsen sw. habgierig sein

glanz glänzend; st. m. Glanz

glesin gläsern

golt (*-des*) st. m. Gold; goldner Ring

goltvar (*-wes*) goldfarbig

goltvaȝ (*-ȝes*) st. n. goldenes Gefäſs

gotes arm ganz arm

gouch st. m. Kuckuk; Bastard; Thor, Narr

gougelbühse sw. f. Büchse, Rohr eines Taschenspielers

gougelfuore st. f. Gaukelei, hin- und herfahrendes Wesen, Possen

goukel st. n. Zauberei; Possen

goume st. f. prüfende Aufmerksamkeit; *g. nemen eines* auf jemand Acht geben

grâ (*-wes*) grau; Subst. Grauwerk, Art Pelzwerk
gram feindlich
gremelich grimmig, schrecklich; Adv. *gremeliche*, *grimeliche*
grimme Adj. und Adv. grimmig, zornig; st. f. Grimm, Zorn
grînen st. knurren
grîse grau, greis, alt
griulen sw. *mir g—t* mir graut, mich schaudert
griulich grausig, grausenerregend
grôʒ dick, stark; Adv. *grôʒe* sehr
grœʒlich grofs, Adv. *grœʒlichen* sehr, gewaltig
grüene grün; st. f. Grasboden
grüeʒen sw. ansprechen, begrüfsen
gruonen sw. grün sein, grün werden
guggaldei st. n. (?) Kuckuk (?)
guldîn golden
gülte st. f. Zahlung, *g. abe slahen* Schulden tilgen
gunnen anom. gerne sehen; *einem eines d.* einem etwas gönnen, wünschen; *einem ein d. ze tuonne* gestatten, erlauben
guot gut, tüchtig, förderlich; freundlich; aus gutem Geschlecht; *guote liute* Kranke und Arme; edle Menschen; *für g. nemen*, *haben* zufrieden sein mit; Adv. *güetlichen* freundlich; *guot* st. n. Habe, Gut; gute Absicht
gurre sw. f. Mähre, schlechtes Pferd

H.

habe st. f. Habe; Hafen
habedanc st. m. Lob, Preis
haben sw. halten, behalten; *unrehte h.* unrichtig behandeln; *ûf haben eines d.* inne halten mit; anom. haben; *h. für* für — halten; *den tôt an der hant h.* sicher haben, sterben müfsen
hæle st. f. Hehl; *h. hân eines d.* etwas verheimlichen
haven st. m. Topf
halpswuol st. n. unbekanntes Thier
halsen st. umarmen, um den Hals fallen

halsperc (*-ges*) st. m. Panzerhemd mit Kappe

halt Adv. und Conj. vielmehr; in Concessivsätzen: auch immer

handeln sw. verfahren, *einen* behandeln

handelunge st. f. Bewirtung

hant st. f. Hand; als Umschreibung: *Sifrides h.* = *Sifrit*; *ein helt zer h.*, *zen handen*, *ze sinen handen* ein Held durch seiner Hände Kraft, von starker Hand; *zuo eines handen stân* einem unterthänig sein; *einen under die hende nemen* vornehmen um zu überreden; *aller hande* aller Art; pleonastisch *maneger leie hande*

hantgetât st. f. Geschöpf

harm st. m. Hermelinthier

harnas (*harnasch*) st. n. Harnisch

harnaschvar (*-wes*) vom Harnisch gefärbt, schmutzig

harphære st. m. Harfenspieler

harte Adv. stark, sehr

haȝ (*-ȝes*) st. m. Hafs, Feindseligkeit: *âne h.* ironisch: gern

haȝlich feindselig

heben anom. oder sw. heben, erheben, anfangen; *sich h.*, *sich an heben* anfangen, *sich ûȝ*, *dan heben* wegziehn, *sich an ein d. heben* zu einer Sache aufbrechen

hei, *hey* Interj. vor Ausrufen

heiden st. m. Heide; st. f. Heidenschaft

heien sw. hegen, schützen

heil st. n. Glück

heiligeist st. m. der heilige Geist

heim, *hein* st. n. Haus, Heimath; adverbialer A. nach Hause; *heime* D. zu Hause

heimgesinde st. n. Hausdienerschaft, eigenes Gefolge

heimliche st. f. Heimlichkeit, Vertraulichkeit; *in h.* unter Vertrauten

heimliche Adv. heimlich, vertraulich

heimuot st. n. Heimat

heiȝen st. nennen; genannt sein; mit Inf. oder A. und Inf. befehlen; *einen liegen h.* sagen, dafs jemand lügt *helde, der* = *hel[n]de* Part. Praes. der (sich) verbergende, verborgne

helfe st. f. Hilfe; Gefolge, Heer in eines Diensten

helfen st. *einen* und *einem; einem eines d.* verhelfen zu, helfen bei

helfenbein st. n. Elfenbein

helfenbeinîn von Elfenbein

helflich hilfreich

helle st. f. Hölle

hellemôr st. m. Höllenmohr, Teufel

hellen st. hallen, tönen

helm st. m. und *helme* sw. m.

helmevaȥ (-*ȥes*) st. n. Helm

helmgespan st. n. Helmgespänge, Helmbänder

helmhuot st. m. Helm

helmschîn st. m. Helmglanz

heln st. verhehlen, verbergen, *einen* oder *einem ein d.* verheimlichen

helt (-*des*) st. m. (Schützer) Held, tapferer Krieger

hendeblôȥ blofs wie eine Hand

her Adv. hierher; bisher, bis jetzt

her = *er* Pron. 3. Pers. Sg. m.

hêr, hêre hoch, vornehm; froh, *eines d.* über etwas

herberge st. f. auch Plur. Wohnung, besonders für Fremde; Lagerplatz bei der Jagd

herbergen sw. Herberge machen, sich niederlafsen, *einen* beherbergen; in Quartier legen

hêren sw. erhöhen, heiligen

hêrebernde heilig

hervart st. f. Kriegszug

herverten sw. eine Heerfahrt machen, mit einem Heere ziehn

hergeselle sw. m. Kriegsgefährte

hêrgesidele st. n. Hochsitz, Sitz für Vornehme

hergesinde sw. m. Gefolgsmann

herhorn st. n. Kriegshorn

hêrisch nach Art der Herren, herrisch, stolz

hêrlîch vornehm, ausgezeichnet; Adv. *hêrlîchen* herlich

hermîn von Hermelin

hermüede kriegsmüde

hèrre, herre, vor Namen und Titeln auch *hêr, her, er* sw. m. 'Herr, vornehmer Mann

herte st. f. Schulterblatt

herte, hart hart, schwierig, gefährlich; *h. schar* dichte Schar; Adv. in *herte gemuot* festgesinnt; st. f. schwerer Kampf

herze sw. n. (*herze* auch st. D. Sg. und N. Plur.); *an daȝ h. gân* das Herz ergreifen; *ze herzen kumen* herzlich lieb werden

herzebernde herzergreifend

herzeichen st. n. Feldzeichen

herzeleit (*-des*) herzbetrübend; st. n. und *herzeleide* st. f. herzergreifendes Leid

herzeliebe st. f. Herzensfreude

herzeliep (*-bes*) herzlieb; st. n. Herzliebchen

herzentrût st. n. Herzliebchen

hie Adv. hier; vor Adv. und Praep. *hier: h. inne, h. umbe*

himelfrouwe sw. f. Himmelsherrscherin

himelhort (*-des*) st. m. Himmelschatz

himelwagen st. m. Sternbild des Wagens

hinde st. f. Hindin, Hirschkuh

hinder Adv. hinten; Praep. mit D. und A. hinter; *h. sich* zurück

hine Adv. hinweg, hin; elliptisch: fahre hin! *hinwidere* zurück; *hin ze jâre* übers Jahr

hinne = *hie inne*

hinnen, hinne Adv. von hier, von hinnen, fort

hinte, hint = *hînaht* Adv. in dieser Nacht

hinvart st. f. Tod

hîrât st. m. Heirat

hirmen sw. ruhen

hirȝ st. m. Hirsch

hiure Adv. in diesem Jahre, heuer

hîwen, hîen sw. heiraten

hôch (*-hes*) *hô* hoch, vornehm; *hôher wint* lauter Wind; *h. muot* gehobner, freudiger Sinn; *h. strît* starker Streit; *hôheȝ spil*

Spiel um einen hohen Preis; Adv. *hôch, hôhe, hôh* hoch, gewaltig, sehr; *hôch tragende herzen* von Freude gehobne; *h. stân* auf dem Gipfel stehn, *einen* theuer su stehn kommen; Compar. *hôher* bei Verbis der Bewegung: zurück, weg

hôchvart st. hohe Art zu *varn,* edles, stolzes Benehmen

hôchverte, hôchvertic (*-ges*) stolz

hôchverten sw. stolz handeln

hôchgemâc (*-ges*) mit Vornehmen verwandt

hôchgemüete st. n. Hochsinn, Freudigkeit

hôchzît, hôchgezît st. f. Fest, bildlich für Kampf

hœhen sw. erhöhen, *den muot* den Sinn erfreuen

hœne hochfahrend, übermüthig

hœnen sw. schmähen, der Ehre berauben

hof (*-ves*) st. m. eingeschlofsner Platz; Aufenthalt, Umgebung des Königs; *ze hove* zum, beim Könige, oder zu, bei einer fürstlichen Person

hovebære dem Hofe gemäfs, anständig

hovebelle sw. m. Hofkläffer, schmeichlerischer Höfling

hovelich dem Hofe angemefsen, anständig; Adv. *hovelichen*

hovemære st. n. Nachricht an den Hof

hovereise st. f. Fahrt zum Könige

hövesch, hübesch dem Hofe angemefsen, fein

hövescheit, höfscheit, hübscheit st. f. feine Sitte, Artigkeit

höveschen, hübschen sw. den Hof machen

hovestæte am Hof, an der Hofsitte festhaltend

hovewert (*-des*) zu Hof wert, geehrt

holde sw. m. Lehnsmann

holt (*-des*) geneigt, lieb, treu; besonders vom Herrn gegen den Diener und vom Diener gegen den Herrn; *einen holden hân* lieb machen, sich geneigt machen

honegen sw. voll Honig sein

hœren sw. *einem* auf jemand hören, einem gehorchen

hornunc (*-ges*) st. m. Februar

hort (*-des*) st. m. Schatz

houbet st. n. Haupt

houbetsünde st. f. Todsünde
hübeschen sw. auf höfische Weise sich unterhalten
hüeten sw. *eines* Acht haben auf; *eines d.* behüten
hulde st. f. oft Pl. Geneigtheit, Huld; Erlaubnis
hulft st. f. Futteral, Ueberzug
huobe st. sw. f. Stück Landes von einer gewifsen Gröfse, Hufe
huote st. f. Aufsicht, Wache, *eines* gegen jemand; *schœne h.* anständiger Gewahrsam
hurdieren = *buhurdieren*
hurnîn hörnen, von Horn
hurte st. f. losrennendes Stofsen
hurtlichen, hurticlichen Adv. mit Stofse losrennend
hûs st. n.; *ze hûse komen* nach Hause, in ein Haus gelangen
hütte sw. f. Hütte, Gezelt

I.

ie Adv. (von der Vergangenheit) immer; jemals; in Nebensätzen: nie
iedoch, idoch Conj. dennoch
iegeslich, ieslich, islich jeder
ieman (*-nes*), *iemen* jemand; in Nebensätzen: niemand
iemer, immer, imer Adv. (von der Zukunft) immer; jemals; *immer mêre* immer künftig; in abhängigen Sätzen: nie wieder
iender, inder Adv. irgendwo, irgend
iesd Adv. sogleich
ieslich jeglich, jeder
ietweder jeder von beiden
iezuo, ieze Adv. jetzt; sogleich; bereits
iht irgend etwas, mit G.; Adv. irgend, etwa; in abhängigen Sätzen = *niht*
in Praep. mit D. und A. in; Adv. hinein
în Adv. hinein, herein
inder s. *iender*
ingesinde st. n. Hausgenofsenschaft; Gefolge; sw. m. Hausgenofse, Gefolgsmann

inndn Adv. innen

inne, *innen* Adv. inne, inwendig; *eines d. i. werden* gewaren, merken; *i. bringen* merken, einsehen lafsen

innerclichen Adv. im Herzen, innig

innerthalben Adv. auf der innern Seite

inre Praep. mit D. innerhalb, binnen

intwerhes Adv. queer

irre vom rechten Wege abgewandt, unsicher; *eines d.* ohne etwas

irren sw. *eines d.* abbringen, abhalten von; *an einem d.* stören, hindern

iteniuwe ganz neu

itewize st. f. Vorwurf

itewizen sw. vorwerfen, vorhalten

J.

jâ Interj. ja, fürwahr (im Anfang des invertierten Satzes); verdoppelt *jârâ*

jâchant st. m. Hyacinth

jâmer st. m. Seelenschmerz, Trauer, Leid

jâmerhaft, jæmerlich schmerz-, leidvoll, kläglich; Adv. *jæmerliche, jæmercliche*

jegere st. m. Jäger

jehen st. sagen, *eines d.* etwas aussagen, bekennen; *einem eines d. j.* einem etwas nachsagen, zusprechen; versprechen; *einem j.* (ergänze: des *siges*); *eines* oder *eines d. jehen ze* oder *für* jemand, etwas bezeichnen als, erklären für

jeit (-des) st. n. Jagd

jeitgeselle sw. m. Jagdgefährte, Jäger

joch Conj. auch, selbst, sogar; mit *ne: jone* gewifs nicht

junc (-ges); Superl. *jungist* letzt; Adv. *jungiste* und *ze jungist* zuletzt

juncfrouwe sw. f. Mädchen, Jungfrau aus edlem Stande

jungen sw. jung werden

just, tjoste st. f. ritterlicher Zweikampf zu Pferde mit Speren

K. C. Q.

kamer sw. st. f. Schatz-, Schlafkammer

kamerære st. m. Kämmerer, Hüter der Schatz- oder Schlafkammer

kanzwagen st. m. Wagen, dessen Räder mit eisernen Reifen beschlagen sind

kapelsoum st. Reisegerät zum Gottesdienst

kaphen sw. *an k.* bewundernd anschauen

kappe sw. f. Mantel mit Kappe, Kapuze

karkære st. m. Kerker

karkelvar (*-wes*) kerkerfarbig, bleich

kein = *dehein* irgend ein; kein

kel sw. f. Kehle

kemenâte sw. st. f. heizbares Zimmer, Frauengemach

kempfe sw. m. Kämpfer im gerichtlichen Zweikampf

keppelîn st. n. Mäntelchen mit Kapuze

kêre st. f. Gang hin und zurück

kêren sw. wenden; sich wenden

kiel st. m. Kiel, Schiff

kiesen st. schauen, warnehmen; prüfen, wählen; *den tôt k.* sterben

kinne st. n. Kinn

kint (*-des*) st. n. Kind, auch Jüngling (junger Ritter) oder Mädchen; *von kinde* von Jugend auf; Deminutiv *kindelîn, kindel*

kintlîche Adv. mit kindlicher Einfalt, Thorheit

kît zusammengezogene 3. Sg. Ind. Praes. von *queden* sprechen

kiusche sittsam, sittenrein

klaffen sw. schallend aufschlagen

klâfter st. f. Mafs der ausgebreiteten Arme

klage st. f. Klage, Gegenstand der Klage

klagen sw. *einen* beklagen

clâr hell, glänzend, schön

clâre st. f. Klarheit

kleinât st. f. Kleinod, Kostbarkeit

kleine fein, klein, gering, unbedeutend; Adv. wenig, ironisch = *niht*

klenken sw. klingen machen, tönen lafsen
klôsenære st. m. Klausner, Einsiedler
klûs st. f. Klause, Zelle
kneht st. m. Knabe; Knappe, Krieger, der zu Pferde dient
knolle sw. m. Klumpe, Knolle zum Kröpfen des Federviehs
kochære, *kocher* st. m. Köcher
kovertiure st. f. Decke, Pferdedecke
kolter st. m. Polster, Bettdecke
komen, *kumen* st.; *einem* zu einem kommen, zu Theil werden; *ze rossen k.* das Pferd besteigen, *ze swerten k.* die Schwerter ergreifen; *in kleider k.* sich anziehn
kone sw. f. Ehefrau; *konen mâc* oder
konemâc st. m. angeheirateter Verwandter
kôr st. m. Chor, Altarseite der Kirche, Platz der Geistlichkeit
koste st. f. Preis; Aufwand; Zehrung
koufen sw. kaufen; erwerben
krâ st. f. Krähe
kradem st. m. Lärm
kraft st. f. Kraft; Menge
krage sw. m. Kehle, Schlund
kranc schwach, gering
kranech st. m. Kranich; *kraneches trite* hoffärtiger, stolzer Gang
kreftic (*-ges*) stark, gewaltig; reichlich; Adv. *krefticlîche*
krenken sw. schwächen, verderben, beschimpfen
kristen st. m. f. Christ; st. f. Christenheit; *kristenlîch* christlich
criuze st. n. Kreuz
quâle st. f. Qual, Marter
kuche st. f. Küche
kuchenkneht st. m. Koch
queln st. qualvoll leiden
queln sw. quälen, martern
küelen sw. abkühlen, *den muot* die Lust befriedigen
kumber st. m. drückendes Leid, davon Adv. *kumberlîche*, *kummerlîchen* kummervoll
kûme Adv. mit Mühe, mit Schmerzen, kaum

künde bekannt; st. f. Bekanntschaft
kündekeit st. f. List, Arglist
kündeclichen Adv. klug, geschickt
künden sw. verkündigen, bekannt machen
kunder st. n. Geschöpf, besonders ein seltsames, ein Ungeheuer
kündic (*-ges*) bekannt
künftic (*-ges*) zukünftig
künne st. n. Geschlecht
kunnen anom. wifsen, verstehn, können
kunt (*-des*) bekannt
kunterfeit nachgemacht, falsch
küntlich Adv. deutlich
kuolen sw. kühl werden, sein
kuonheit st. f. Kühnheit
kurzewile st. f. Kurzweil, Spiel, Vergnügen; D. Plur. *kurzwîlen* in kurzem, bald
kurzewîlen Adv. kurzweilen, spielen, sich vergnügen
küssîn st. n. Kissen

L.

lachelîche Adv. lächelnd, freundlich
laden sw. (und st.) einladen; st. (und sw.) aufladen, beladen
lære leer, *eines d.* frei von
lâge st. f. Nachstellung
lamp (*-bes*) st. n. Lamm
lancræche die Rache lange nachtragend
lange Adv. lange, seit lange; ironisch = stets; Compar. *langer* und *lenger*
lant (*-des*) st. n. Land; *ze lande* heimwärts, *her ze l.* hierher
lantliute st. m. Plur. Landbewohner
lantrehtære st. m. Landrichter, Vorsteher eines Landgerichts
laster st. n. Schande
lasterlichen, lesterlichen Adv. schimpflich
lâȥen anom. lafsen, zulafsen; zurücklafsen; *l.* und *abe l.* los lafsen; unterlafsen; verlafsen; *vri, varn l.* aufgeben; *under*

wegen, stên, sîn, belîben l. unterlaſsen, auf sich beruhen laſsen; *sich eines d. an einen l.* sich in etwas verlaſsen auf; *sîniu d. ûf êre l.* seine Sache auf Ehre stellen

lê (-wes) st. m. Hügel

lêbart st. m. Leopard

leben sw. leben, sich benehmen; st. n. Leben, Benehmen; Stand

ledic (-ges) frei, ledig, los; Adv. *ledicliche*

legen sw. legen; in Quartier legen; ablegen; *ein strâfen zeiner suone* aufhören zu schelten, um sich zu versöhnen; *sich an legen* sich ankleiden; *ûf l.* festsetzen, bestimmen

leger st. n. Lager

leich st. m. Melodie; Lied von ungleichartigen Strophen, gesungen oder gespielt

leide Adv. leid-, schmerzvoll; st. f. Betrübnis

leiden sw. leid machen, verleiden; leid sein

leie st. f. *maneger l.* mancher Art; als Subst. mit G. *der (steine) lûhte m. l.* mancherlei Steine leuchteten

leie sw. m. Laie, Nichtgeistlicher

leinen sw. lehnen

leit (-des), leitlich schmerzvoll, leid; *leit* st. n. Leid; *l. hân nâch einem* nach einem verlangen, sich sehnen

leitehunt (-des) st. m. Spürhund, der an einem Seile geführt wird

leiten sw. führen, geleiten

leitschrîn st. m. Reisekasten

lecker st. m. Tellerlecker, Schmarotzer, Schmeichler

leschen sw. auslöschen (trans.)

leser st. m. Vorleser

lest s. *lezzist*

letzen sw. hemmen, endigen

lewe sw. m. Löwe

lezzist, lest letzt

lîden st. leiden, sich gefallen laſsen

liebe Adv. zu *liep;* st. f. Lust, herzliches Wohlgefallen, Liebe; *durch eines l.* einem zu Liebe, um eines willen

lieben sw. lieb machen

lieben sw. lieb, angenehm sein
liegen st. lügen
lieht glänzend, licht; Adv. *liehte*
liep (*-bes*) lieb, angenehm, freundlich; st. n. der, die Liebs[illegible] Freude
liet (*-des*) st. n. Lied, eigentlich Strophe, daher gern Plur.
ligen anom. liegen; sich legen, fallen, aufhören; *obe geli*[illegible] siegen; *ringe gelegen sin* schwach darniederliegen, da[illegible] sein; *tôt l.* todt sein, sterben, *vor einem* durch jema[illegible] *an einem liget* jemand besitzt; doch *an Rüedegêre lit un*[illegible] *fröuden val* mit R. sank unsere Freude dahin
lîhen st. verleihen, zu Lehen geben
lîhte leicht, gering; Adv. leicht, vielleicht; *des ist harte lîhte* [illegible] geschieht, findet sich leicht
lintrache = *lintdrache* sw. m. Lindwurm
linde sw. f.
lîp (*-bes*) st. m. Leben, Leib; als Umschreibung: *Sîfrides l.* = *Sîfrit*
list st. m. Kunst; *arger l.* schlimmer, böser Streich, Bosheit
lîste sw. f. Leiste, Borte
lit (*-des*) st. n. Glied
liuhten sw. leuchten
liut st. n. Volk; Plur. m. n. *liute* Leute
lobebære, lobelich, lobesam lobenswert, herrlich; Adv. *lobeliche*
loben sw. loben, preisen; geloben, versprechen, *an eines hant* mit Handschlag; *l. ze manne, ze wîbe* sich verloben mit
lôch (*-hes*), *lô* st. m. niedriger Wald, Busch
lohen sw. flammen, brennen
lop (*-bes*) st. m. und n. Lob, Preis
lôs ungebunden, zuchtlos
losen sw. lauschen, horchen
lôt st. n. Gewicht
louc (*-ges*) st. m. Flamme
lougen sw. flammen
lougen (*-enen*) sw. *eines d.* leugnen; *âne l.* ungeleugnet, fürwahr

lougenliche Adv. trügerisch, lügnerisch
ludem st. m. Lärm; st. m. n. ein unbekanntes Thier
luft st. m. II
lûne st. f. Mondphase; Veränderlichkeit, Laune
lûter klar, hell; Adv. *lûterliche*
lûtertranc st. m. Claret (über Gewürzen abgeklärter Rothwein)
lützel, *lüzel* klein; mit G. wenig; Adv. wenig, ironisch = *niht*; *l. ieman* selten jemand, ironisch = niemand

M.

mâc (*-ges*) st. m. (Plur. auch sw.) Seitenverwandter
mære st. n. Kunde, Nachricht, Geschichte, Sache; *niuwiu m.* unerhörte Dinge, *fremdiu m.* unerwartete Neuigkeit; *starkiu m.* schlimme Botschaft; *m. sagen* berichten, Auskunft geben; *m.*, *der m. vrâgen* Auskunft, Nachricht verlangen; *ze mære bringen* in Ruf bringen; *hôher m. wesen* von hohem Rufe, hochberühmt sein
mære bekannt, rühmlich, herrlich
*mæʒliche*n Adv. mäfsig; ironisch = *niht*
magedîn, *meidîn* st. n. Deminutiv von
maget, *meit* st. f. Jungfrau, Mädchen
magetlich, *megetlich*, *meitlich* jungfräulich
mâgschaft st. f. Verwandtschaft
mâl st. n. Zeichen, Zierrat
mâlen sw. bunt verzieren
malhe sw. f. Tasche, Koffer
man st. m. anom. Mann; Gatte; Lehnsmann
mâne sw. m. Mond
manen sw. erinnern, *eines d.* an etwas; *eines d.* oder mit Inf. auffordern zu
manheit st. f. Tapferkeit
mannegelich jedermann
marc st. f. halbes Pfund Gold oder Silber
marc st. n. Pferd, Streitross
marc, *marke* st. f. Gränze; Gränzland

marcgrâve sw. m. königlicher Oberbeamter eines Gränzlandes
marcgrâvinne st. f. Frau eines *marcgrâven*
margarîte st. f. Perle
marmelstein st. m. Marmor
marschalc st. m. Stallmeister (Hofamt), Aufseher des Gesindes
marterer st. m. Märtyrer
mat st. n. Matt im Schachspiel, Niederlage
matraȥ st. f. Polsterbett
maȥ (-ȥes) st. n. Speise
mâȥe st. f. (sw. in *âne mâȥen*) Mafs, Angemefsenheit; *ze m.* im richtigen Mafse, mäfsig; D. Plur. *mâȥen* adverbial: mäfsig; ironisch = *niht*
megetîn st. n. Mädchen
mehelen sw. vermählen, verloben
mein st. m. Falschheit, Verrath
meineclichen Adv. verrätherisch
meineide meineidig, eidbrüchig
meinen sw. *ein d.* im Sinne haben, bezwecken, verursachen; *einen* es auf jemand abgesehen haben; von Herzen lieben
meinrât st. m. II Plur. Verrath
meinræte verrätherisch
meist Superlativ zu *mêr*, gröfst; Adv. meistens, am meisten
meister st. m. Meister, Lehrer, Herr; = *schifmeister*
meisterschaft st. f. Meisterschaft, Herrschaft, Ueberlegenheit
meistic Adv. meistens
meituom st. m. Jungfrauschaft
meizoge sw. m. Knabenerzieher
melden sw. angeben, verrathen
menen sw. wie Vieh treiben
menege st. f. Menge
mêre, *mêr*, *mê* defectiver Compar. mehr; substantivisch mit G., Adv. weiter, künftig; bei Negationen: weiter, länger, *nie mêre* nie zuvor
merkære st. m. Aufpasser
merken sw. bemerken, erkennen

merwîp (*-bes*) st. n. Waſserfrau
merwunder st. n. Meerungeheuer
messe st. f. Metallklumpen; ein bestimmtes Gewicht
mete st. m. Meth
mettîne st. f. Mette, Frühmesse
mez (*-zes*) st. n. Maſs
michel groſs; Adv. sehr
mîden st. unterlaſsen, entbehren, vermeiden; *sich eines d.* unterlaſsen; entsagen
miete st. f. Lohn
milt (*-des*), *milte* freigebig; Adv. *miltlîche, miltecliche*
milte st. f. Freigebigkeit
minne st. f. Erinnerung; Liebe; *ze minnen* zum Andenken, als Geschenk; *die m. trinken* den Abschiedstrunk trinken
minneclich lieblich, liebreizend; Adv. *minnecliche* lieblich, freundlich
minneviur st. n. Liebesglut, Liebesfeuer
minnen sw. lieben
minner, minre Comp. kleiner; Adv. weniger, minder
missebieten st. *einem* und *ez einem* unglimpflich behandeln
missedienen sw. *einem* beleidigen
missevallen subst. Inf. Verdruss, Miſsfallen
missevar (*-wes*) befleckt; entfärbt
missevarn st. unrecht verfahren, übel handeln
missegân anom. übel ergehn
missehagen sw. missfallen
misselingen sw. *mir m—t* mir geht es schlecht, *an einem d.* ich erleide Schaden an
missestân anom. schlecht anstehn
missetât st. f. Fehltritt, Schuld, Bosheit
missetreten st. fehltreten, fehlgehn
missetuon anom. anders als recht handeln
missewende st. f. Schandthat; Schande
mit Praep. mit D. mit, nebst, sammt; Adv. mit
mitewist st. f. Beisein, Beiwohnung

mitte mittel; *mitter tac* Mittag
mittelswanc st. m. der mittlere Schlag
mœre st. m. Last-, Reise-, Damenpferd
molte st. sw. f. Staub, Erde
môraȥ st. m. und n. Maulbeerwein
morgenrôt st. m.
mort (*-des*) st. m. Mord; Gemetzel; Schandthat
mortlich mörderisch; Adv. *mortliche*
mortmeile mordbefleckt
mortrœche mordgierig
mortrœȥe mordscharf, mörderisch
müede st. f. Müdigkeit
müeden sw. müde werden
müejen sw. bekümmern, kränken, verdriefsen
müelich Adj. und Adv. mühevoll, schwer
müeȥen anom. müfsen, sollen; *daȥ si daȥ muoste sehen* vor ihren Augen; *die wile ich leben muoȥ* so lange mir zu leben bestimmt ist; in Wünschen: *müeȥe* möge
müeȥic (*-ges*) unthätig, müfsig
mugen anom. können, mögen, dürfen; *mir mac wol wesen leit* ich bin mit Recht, natürlich betrübt, traurig
mugge sw. f. Mücke
mûl st. m. II Maulthier
mundelin st. n. *rôteȥ m.* Mädchen, Frau
münîȥisen st. n. Münze, Geldstück
muome sw. f. Mutterschwester, Muhme
muot st. m. Sinn, Sinnesart; Stimmung, Neigung; Meinung; *einen muot haben* einmüthig sein; *einem ze muote sîn* nach eines Sinn sein; *muot haben eines d.* Lust haben zu, wünschen, hoffen; *valscher m.* Falschheit; *zornes m.* Zorn; *mit lachendem muote* in fröhlicher Stimmung
muoten sw. *eines d.* verlangen nach; *an ein d.* hoffen auf
mûre st. f. Mauer

N.

nac (*-ckes*) st. m. Nacken

nâch Praep. mit D. nach, hinter; wegen, um, zu, gemäſs; *nâch stichen* nachdem die Speere verstochen waren; *ez nâch der suone reden* für die Versöhnung sprechen; Adv. nahe, beinahe

nâhe, *nâhen*, *næhlichen* Adv. nahe, beinahe

næjen sw. nähen, schnüren; *einen in fürgespenge* einem das Kleid mit Spangen zuschnüren

nâhen (*-enen*) sw. nahe sein, kommen

nâhgebûre sw. m. Nachbar

nahtes, *des* anomaler G. von *naht:* in der Nacht

nahtselde st. f. Nachtlager

name sw. m. Name: Stand

ne Negationspartikel (incliniert oder vornangelehnt als *en: enkunde*) meist mit anderen Negationen *niht, nimmer* usw. verbunden; alleinstehend nur in kurzen Sätzen mit abhängigem Nebensatze: *ich enruoche waz, ich enweiz ob;* und in elliptischen Sätzen: W. 82, 12 *hèrre, in mac* (ergänze *niht dar gerîten*); in kurzen Gegensätzen 66, 10 *si tuot, si entuot;* ferner in Nebensätzen, theils einschränkend und bedingend: *mirn zerinne friunde* wenn meine Freunde nicht ausbleiben, wobei *ne* auch fehlen kann: *in welle got behüeten* wenn Gott ihn nicht behüten will; theils bei negativem Hauptsatze ergänzend: *die degene wolden des niht lân sin drungen* die Helden unterlieſsen natürlich nicht zu dringen

neben Adv. zur Seite; *bi n. einem* neben einem

neve sw. m. Schwestersohn, Neffe; Mutterbruder; entfernter Verwandter

nehein, *nochein* kein

nehten eigentlich D. Plur. in der Nacht, Nachts

nemen st. nehmen; *ûf n.* zunehmen

nern sw. am Leben erhalten, retten

niden Adv. unten

niden sw. haſsen; *ein d.* über etwas zürnen

nider niedrig; *nidere, nider* Adv. nieder, herab

nie Adv. niemals, nie (in der Vergangenheit); *nie mêre* noch nie

nieman (*-nes*), *niemen* niemand; mit G. *ander n.* keiner der andern

niemer, nimmer, nimer niemals, nicht mehr (in der Zukunft); *nimmer mêre* niemals wieder

niender, niener, ninder, nindert Adv. nirgends; nichts

niene, nine Adv. durchaus nicht

niet s. *niht*

niezen = *geniezen*

niftel sw. st. f. Nichte

nigen st. sich verbeugen, *einem* sich gegen jemand dankend verbeugen, einem danken

niht, niet nichts; *ze nihte* vernichtet, nutzlos; besonders mit G. *niht schildes* keinen Schild *hân*; Adv. nicht

ninder, nindert s. *niender*

nît (*-des*) st. m. Hafs, Zorn, Feindseligkeit; *n. hân eines d.* über etwas zürnen

nîtliche Adv. hafserfüllt, grimmig

niu (*-wes*), *niuwe* neu; veränderlich; Adv. *niulîche* kürzlich

niuwe st. f. Neuheit, Neue

niwan (*niht wan*) Conj. nur, wenn nicht; nach Negationen: aufser, als

nochein s. *nehein*

nône st. f. Mittagsstunde (*hora nona*); Himmelfahrtstag

nôt st. f. II Drangsal, Gefahr, Kummer; *durch n.* gezwungen; *âne n.* ohne Grund, nicht nothwendig; *âne n. lâzen* in Frieden lassen; *n. ist eines d.* etwas ist nöthig; *mir ist nôt ze einem d.* ich verlange nach; *nôt gêt einem eines d.* etwas ist einem nöthig, er hat Ursache dazu

nôthaft bedrängt

nû, nu Adv. nun, jetzt; da (relat.)

nuz (*-tzes*) st. m. Nutzen, Vortheil; Ertrag

O.

ob Praep. mit D. und Adv. über
ob, *obe* Conj. ob, wenn; wenn auch; *waȝ ob* wie wenn!
och s. *ouch*
oder, *ode*, *od* Conj.
œheim st. m. Mutterbruder, Oheim
offenlichen Adv. offen
orden st. m. Stand; *kristenlicher o.* die Christenheit
ordenunge st. f. Ordnung; Engelchor
ôre sw. n. Ohr
ors = *ros* (*-ses*) st. n. Ross
ort st. n. Spitze; *an allen orten* durch und durch; *unz an daȝ o.* bis zu Ende, vollständig
ôsterlîcher tac Ostertag; höchste Freude
ot s. *eht*
ouch Conj. auch; *und o.* und
ougenweide st. f. Anblick
ouwe st. f. Aue
ouwen sw. stromabwärts treiben
owê, *ouwê* Interj. Ausdruck einer schmerzlichen Gemüthsbewegung, auch des Verlangens: o weh! ach! *eines*, *eines d.* wehe über einen, über etwas

P.

palas st. n. Gebäude, das eine Halle, einen Sal enthält; Halle
pantel st. n. Panther
pevilde = *bevilde* st. f. Begräbnis
pecke = *becke* st. n. Becken
permint st. n. Pergament
pfaffe sw. m. Geistlicher
phaflich pfäffisch, nach Art der Geistlichen
phahten sw. gesetzlich oder durch Vertrag bestimmen, feststellen
phant (*-des*) st. n. Pfand (alles was zur Sicherung der Rechtsansprüche gegen einen andern dient); *ph. erlœsen* versetzte Pfänder einlösen; sprichwörtlich: aus Verlegenheit befreien

pharre sw. f. Pfarrei
pfâwe sw. m. Pfau
phel, phelle, phellel st. m. Seidenzeug
phellîn von *phel*, seiden
phenden sw. pfänden, berauben
pherit, phert (*-des*) st. n. Reitpferd
phertgereite st. n. Reitzeug
phî Interj. pfui
phîfære st. m. Pfeifer
phinxtac = *phingesttac*
phlege st. f. Plur. Aufsicht, Hut
phlegen st. handeln, verfahren; *eines phl.* umgehn mit, beaufsichtigen, sorgen für; *eines d.* betreiben, üben; verwalten, besitzen; mit Inf. treiben, pflegen
phliht st. f. Theilnahme, Zustimmung
phlihten sw. sich dienstlich verpflichten
phrüende st. f. Pfründe, Jahrgehalt
pilgerîn st. m. Pilger
pîn st. f. Pein, Qual
pirsen, birsen sw. jagen
pirsgewæte st. n. *pirsgewant* (*-des*) st. n. Jagdkleid
plân st. m. Ebene, Flur, Erdoberfläche
porte sw. st. f. Pforte; sw. f. Hafen; s. auch *borte*
portenære st. m. Pförtner
pouc s. *bouc*
predjen sw. predigen
prehen = *brehen* st. leuchten; meist subst. Inf. Glanz
prîs st. m. Lob, Ruhm, Preis: *ze prîse* lobenswert
prîsen sw.
prüeven s. *brüeven*
puneiȝ st. m. Anrennen zu Pferde mit den Speeren
pusûne sw. f. Posaune

Qu. s. Ku.

R.

râche st. f. Strafe, Rache

rant (*-des*) st. m. auch *schildes r.* Schild

raste st. f. Meile

rât st. m. II Rath, Beschluſs; Verrath, Anschlag; Vorrath; *âne friunde r.* ohne die Freunde zu befragen; *eines d. ze râte werden* zu berathschlagen beginnen über; *eines, eines d. ist rât* für, gegen jemand, etwas ist Rath, Abhilfe; etwas kann unterbleiben; *r. haben eines d.* etwas nicht nöthig haben, unterlaſsen; *guoten r. haben* gern entbehren, unterlaſsen; *eines, eines d. ze râte tuon* Rath schaffen für, wegschaffen

râten st. rathen, berathschlagen; *einem r.* zureden, befehlen; *ein d.* beschlieſsen, *einem ein d.* auch: gegen jemand auf etwas sinnen; *an einen r.* einem nachstellen

râwen = *ruowen* sw. ruhen

rœʒe scharf

rê (*-wes*) st. m. Todtenbahre

rêch (*-hes*) st. n. Reh

rechen st. rächen, strafen

recke sw. m. (verbannter, fremder Krieger) Held

rede st. f. Rede; Unterredung; Gegenstand einer Rede; *der r. enist sô niht* damit steht es nicht so

reht st. n. Recht, Gebühr; richtige Handlungsweise; *durch r.* des Rechtes wegen; *von rehte* mit Recht, von Rechtswegen; *ze rehte* mit Recht; vor Gericht; *r. hân* recht thun

reht recht, richtig; Adv. *rehte* recht; sehr

reichen sw. den Arm ausstrecken

reinekeit st. f. Reinheit

reise st. f. Zug, Heerfahrt

reisliche Adv. zum Zuge gerüstet

reiʒen sw. reizen

rennen sw. laufen laſsen (das Pferd); schnell reiten

rêren sw. fallen machen, verstreuen, ergieſsen

rêwunt (*-des*) todwund

rîche, rîch mächtig, gewaltig; vornehm; prächtig
rîche st. n. Reich; oberste Gewalt, Herrscher
rîcheit st. f. Reichthum
rîchen sw. reich machen, schmücken
riechen st. rauchen, dampfen
rîfe sw. m. Reif
rigelstein st. m. Maueröffnung zum Abfluſs vom Fuſsboden
rihten sw. zurechtbringen; wahr machen, bestätigen; richten; *einem r.* Recht verschaffen; *sich r.* sich rüsten; sich aufrichten
rimpfen st. rümpfen, zusammenziehn
rinc (*-ges*) st. m. Ring, Kreis; Plur. Panzerringe, Panzer
ringe Adj. und Adv. leicht, gering, billig
ringen sw. *ringe*, leicht machen, besänftigen
ringen st. kämpfen, streben
rippe st. f. Rippe; Herkunft, Geschlecht
rîs st. n. Reis, Ruthe
rîsen st. fallen
rîter, ritter st. m. Ritter
ritterlich für Ritter geziemend; Adv. *ritterliche*
riterschaft st. f. ritterliche Sitte, Uebung
riterspîse st. f. Herrenspeise
riuhe st. f. Rauchwerk
riuwe st. sw. f. auch Plur. Betrübnis
riuwecliche Adv. traurig, bekümmert
riuwen st. *einen* betrüben, einem Leid thun
rôse sw. m. und f.
rôsevar (*-wes*) rosenfarbig
rœseleht rosig
rôtguldîn von rothem Golde
rouben sw. *einen* berauben
rûch (*-hes*), *rû* rauh
rücke st. m. Rücken; *ze rucke* zurück
rücken sw. bewegen, rücken; *dan* wegnehmen, entfernen
rüegen sw. klagen, vor Gericht bringen

rüemære st. m. Prahler
rüemen sw. prahlen, rühmen
rüemic (*-ges*) prahlerisch
rüeren sw. in Bewegung setzen; berühren
rûmen sw. räumen, verlafsen; *eȝ r.* weggehn
rûnen sw. raunen, geheim und leise reden
ruochen sw. sich kümmern; *eines* um jemand; *eines d.* auf etwas Rücksicht nehmen, etwas verlangen, wollen; mit Inf. thun wollen
ruofen st. *rüefen* sw. rufen
ruom st. m. Lob; Prahlerei
ruore st. f. Hetze, Meute
ruowe st. f. Ruhe
rûschen sw. rauschen, sich geräuschvoll bewegen

S.

sâ Adv. sogleich, alsbald
sabenwîȝe weifs wie *saben*, feine ungefärbte Leinwand
sælde st. f. auch Plur. Glückseligkeit, Heil
sældenrîch segensreich
sælic (*-ges*) beglückt, gesegnet; *got lâȝe iu ... immer sælic sîn* behaltet in Gottesnamen (höflich ablehnend)
sagen sw.; *ein d.* über etwas Auskunft geben; vorhersagen: *ir vil langeȝ scheiden sagte in wol der muot ûf grôȝen schaden ze komene* ihr Gemüth weissagte ihnen ihre lange Trennung zum kommen in grofsen Schaden = durch die sie in grofsen Schaden kommen sollten
sahs st. n. Pfeilspitze
sal st. m. Langhaus mit Halle, Sal
sal (*-wes*) schmutzig, trübe
salwen sw. schmutzig, trübe werden
sam = *sô* Adv. so; wie; gleichwie; Conj. mit Conjunctiv als ob, als wenn
sament, samt, sant Adv. zusammen; Praep. mit D., auch *mit s.* mit
samenen sw. versammeln

sampfte, samfte, sanfte Adv. sacht, leicht, langsam; angenehm, gern; Compar. *sanfter* und *senfter*

sân Adv. = *sâ*

sanc st. n. Gesang

sant (*-des*) st. m. sandiges Ufer, Strand

sant s. *samt*

sarrinc (*-ges*) st. m. Panzerring

sarwât st. f. Rüstung

sâʒe st. f. Hinterhalt

schâch st. n. Schach

schâchære st. m. Schächer, Räuber

schâchen sw. rauben

schaffen st. und sw. bewirken, verschaffen, bereiten, anordnen, bestellen; *mit einem s.* ebenso thun wie jemand; *gemach s.* Ruhe bereiten, es bequem machen

schaft st. m. II Spiefsschaft, Spiefs

schal (*-les*) st. m. Schall, Lärm, besonders freudiger bei ritterlichen Uebungen; *ze schalle werden* ins Gerede kommen, zum Gespötte werden

schalc st. m. Knecht; gemeiner Mensch

schalchaft knechtisch

schale (*schalle*) st. sw. f. Schale

schalkeit st. f. gemeines Benehmen

schallen sw. lärmen

schalte st. und sw. f. Stange zum Fortstofsen des Schiffes

scham st. f. Scham, Schmach

schamen sw. *sich* sich schämen

schamel st. m. Schemel; Fufstritt bei Frauensätteln

schapel, schappel st. n. Kranz von Blumen oder Bändern; Kopfputz besonders der Jungfrauen und Frauen

schar st. f. Schar

scharhafte Adv. in Scharen

scharmeister st. m. Führer des Kriegsvolkes

scharph, schärf scharf

schedeliche Adv. mit Schaden

scheiden st. intr. Abschied nehmen; trans. trennen, unterscheiden; beendigen; *eȝ s.* den Streit beilegen; *sich s.* aufhören

schef = *schif*

schelch st. m. unbekanntes Thier

schelden, schelten st. schmähen

schellen st. ertönen

schemelich schimpflich

schenden sw. beschimpfen

schenken sw. einschenken

scherm st. m. Schild

schermen, schirmen st. parieren, *einem* schützen

schicken sw. fertig machen; senden; *die reise* den Heereszug an- und abordnen

schiere, schierliche Adv. bald, schnell

schieȝen st. schiefsen, werfen, schnell stofsen

schiffen sw. zu Schiffe bringen

schifmeister st. m. Fährmann, Schiffsführer

schilhen sw. schielen

schiltveȝȝel, schildev. st. n. Riemen zum Umhängen des Schildes

schiltsteine st. n. Edelsteine als Schildzierrat

schiltwache st. f. Wache in voller Rüstung

schimpfen sw. scherzen

schîn offenbar; sichtbar, deutlich; *ein d.* und *eines d. sch. tuon* beweisen; st. m. Glanz; Blick; Schein

schînen st. leuchten, scheinen; sich zeigen; *sch. lâȝen* zeigen

schirm st. m. Schutz, Deckung

schirmslac (*-ges*) st. m. Fechterstreich

schœne, schœn schön; Adv. *schône* artig, fein, stattlich

schœne st. f. Schönheit

schôȝ st. f. Schofs

schrecken st. auffahren, erschrecken

schrôten st. schneiden

schult, schulde st. f. Schuld, Veranlassung; *âne sch.* ohne Recht, Grund; *von schulde, von schulden* mit Grund, Recht; *von wâren, grôȥen sch.* mit vollem Recht; *von eines sch.* durch eines Veranlaſsung, um eines willen

sê, sêt Imper. von *sehen,* als Interjection gebraucht (lat. *ecce*)

sê (*-wes*) st. m. der, die See

sedel st. m. Sitz

segel st. m.

sehen st. sehen; besuchen; *blicke s.* Blicke werfen

seiger matt, schal

seine Adv. langsam, spät; ironisch = *niht*

seite st. f. Saite

selbwahsen ohne fremdes Zuthun entstanden, aufgewachsen

selbwesende durch sich selbst seiend, im eigenen Wesen begründet

selde st. f. Wohnung, Haus

selden, selten Adv.; oft ironisch: nie

selle sw. m. = *geselle*

selleschaft = *gesellescha ft*

selp (*-bes*) N. meist sw., sonst st. selbst; *der, dirre selbe* derselbe; dieser; *selbe zwelfter* selbst als zwölfter, mit elf ander.

selpvar (*-wes*) von eigener Farbe; ungeschminkt

seltsæne seltsam

sem = *sam, sem mir* (*semir*) *got,* nämlich: *helfe,* als Beschwörung: so wahr mir Gott helfe, bei Gott

semfte angenehm; st. f. angenehme Bequemlichkeit

senede, eigentlich *senende,* Liebesschmerz empfindend

seneliche Adv. voll Seelenschmerz, Trauer

senften sw. erleichtern, mäſsigen; erfreuen; leicht werden

sente sanct (vor Heiligennamen)

sêr st. n. auch f. Schmerz

sêre Adv. sehr

sêren sw. betrüben

ses st. n. die Sechs auf dem Würfel

setzen sw. *für* sich vorsetzen, vorhalten

sibenen sw. zur Sieben machen

sic (*-ges*) st. m. Sieg

sicherheit st. f. Versicherung

sicherlich Adj. und Adv. zuverläfsig, sicher

sichern sw. zusichern, versichern

sidel st. f. Sitz

sideln sw. *einem* Sitze bereiten für

sider Adv. seitdem, nachher

sîdîn seiden, von Seide

siechhûs st. n. Krankenhaus

sigehaft siegreich

sigen sw. *einem an s.* besiegen

sigenunft st. f. Sieg

sîgen st. sinken

sihtic (*-ges*) *an* sehend, ansichtig

sîn s. *wesen*

sin (*-nes*) st. m. Sinn; Meinung, Absicht; Verstand; *guote sinne* Einsicht

sinewel (*-les*) ganz rund

sinewellen sw. rollen

sinnelôs bewustlos

sint s. *sît*

sippe verwandt; st. f. Verwandtschaft

sît, sîd, sint Adv. darauf, nachher, da; Conj. seitdem, da; weil; *sît daȝ, sît diu* da

site st. m. Sitte, Gewohnheit; Art; oft Plur. Benehmen

sitzen anom. sitzen, sich setzen; *geseȝȝen sîn* wohnen

siuften sw. seufzen

siune st. n. das Sehen, Gesicht

siuren sw. sauer machen

slâ st. f. (aus *slage*) Spur, Fährte, Weg

slac (*-ges*) st. m. Schlag; Verderben, Unglück

slahen st. schlagen, erschlagen; *an sl.* antreiben; *abe sl.* (eine Schuld oder Rechnung) abtragen

slahte st. f. Geschlecht, Art; *deheiner sl.* keiner Art

sleht schlicht, gerade, glatt

slîchen st. leise und langsam gehn

sliefen st. schlüpfen; *in ein kleit* anziehn
sliezen st. schliefsen, zusammenfügen, bauen
slinden st. verschlingen
slipfic (*-ges*) schlüpfrig, glatt
sloufen sw. überziehen, anziehen
sloz (*-zzes*) st. n. Schloss, Fuge
smac (*-ckes*) st. m. Geschmack, Geruch
smæhe verächtlich, abscheulich
smâcheit st. f. Schmach
smal schmal, knapp, klein
smecken sw. riechen, duften
smiegen st. schmiegen
smielen sw. lächeln
snarrenzære st. m. Geigenkratzer
snel (*-les*) kräftig, streithaft, rasch; Adv. *snelle*
snelheit st. f. Schnelligkeit; schnelle Kraft
snîde st. f. Schneide
snîden st. *zesamne* zu einander passend zuschneiden, einander gleich machen
sô Adv. so, wie; Conj. wenn; dann; dagegen; *sô ie* so oft als; oft nach vorausgeschickter einzelner Bestimmung: *nâch gewonheite sô schieden sie sich dâ*; nach *swer*, *swaz*; Ausrufe einleitend *sô wol* drum wohl!
solh, *sölch*, *solch*, *selh*, *selk* so beschaffen, solch
solden sw. besolden
sorclich gefährdet, sorgenvoll; Adv. *sorcliche* mit Sorgen
sorge st. sw. f. Furcht, Bekümmernis; *eines* für einen; vor einem; *von* oder *ze einem* vor
sorgen sw. *ûf* mit Furcht erwarten, fürchten; *sorgende* mit Sorgen; sorgfältig
soum st. m. Pferdelast; = *soumære* Saumpferd
soumen sw. auf Saumthiere laden
spæhe Adj. und Adv. kunstvoll, kunstreich
spæheliche Adv. klug
spanne sw. f. Mafs der ausgebreiteten Hand

spannen st. ausstrecken; Pferde an den Vorderfüfsen gefesselt weiden lassen; *bouge an sp.* Ringe an die Hand stecken
sparen sw. sparen, schonen
spâte Adv. spät
spehen sw. suchend und beurtheilend blicken, ansehn
spenge st. n. = *gespenge*
spengen sw. mit Spangen verselın
sper st. n.
spiln sw. spielen; hüpfen, funkeln
spiȝ (*-ȝes*) st. m. Spiefsbraten
spor sw. m. Sporn; st. n. Spur
spot (*-tes*) st. m. Spott; *âne, sunder s.* wahrhaftig, aufrichtig
sprâche st. f. Sprache; Berathung
sprâchen sw. berathschlagen
sprechære st. m. Spruchsprecher
sprechen st. *einem* von einem, über jemand sprechen; nennen; *einen tac* einen Gerichtstag festsetzen
spriu st. n. Spreu
spruch st. m. II Rede
spürn sw. der Spur nachgehn, auf die Spur kommen, spüren
staben sw. (*den eit*) den Eid abnehmen, die Eidesformel vorsagen
stæte, stætelich, stætic (*-ges*) fest, treu
stæte st. f., *stætekeit* st. f. Treue, Beständigkeit
stæteclichen Adv. treu
stân, stên anom. stehn, stehn bleiben; sich stellen, treten; aufstehn, *von den rossen* absitzen; mit Adv. sich befinden; *hôhe st.* auf dem Gipfel stehn, *einen* theuer zu stehen kommen; *in sorgen st.* sein; *einem st.* anstehn; *einem vor st.* verteidigen; *abe st. eines d.* abstehn von; *eȝ stât umbe einen* es verhält sich mit; *eȝ stât an einem* es kommt auf jemand an, hängt von ihm ab
starc gewaltig, schrecklich; schlimm; Adv. *starke*
stat st. f. Stätte, Gelegenheit; *an eines s. stân* als jemand auftreten
state st. f. günstige Umstände, Gelegenheit

stegen sw. Weg machen, Bahn bereiten
stegereif st. m. Steigbügel
stehelin stählen
stein st. m. Stein, Fels
steinwant st. f. Felsenwand
sterben sw. tödten
sterke st. f. Tapferkeit, Stärke
stic (*-ges*) st. m. Weg, Pfad, Gang
stieben st. stäuben, in Stücken abspringen; Funken von sich geben; sich rasch bewegen
stiege sw. Stiege, Treppe
stiure st. f. Unterstützung, freiwillige Gabe
stiuren sw. unterstützen, fördern
stoc (*-ckes*) st. m. Kirchenstock, Opferstock
stôle st. f. Stola, Priestergewand
stolz, *stolzlich* stattlich
stœren sw. auseinander reifsen; verwirren, zerstören
stouben sw. stäuben, Staub aufwirbeln
stôȝen st. stofsen; *in s.* in die Scheide stofsen
strâfen sw. tadeln
strâle st. f. Pfeil
strîchen st. trans. streichen, *den lîp* sich putzen; intr. eilig gehn; ziehen
strît st. m. *wider st.* um die Wette; *sunder strît* ohne Frage, *einem den st. lâȝen* nachgeben, das Feld räumen
strîten st. *einem* mit einem; *an ein d.* nach, für etwas streiten
strîtlich zum Kampfe gehörig; Adv. *strîtlichen* kampfbereit
striuȝen sw. *sich* sich sträuben, spreizen, prahlen
strûch st. m. das Straucheln
strûchen sw. straucheln, zu Boden fallen
stunt, *stunde* st. f. Augenblick, Zeitpunct, Zeit; *an der st.* zur selben Zeit, sogleich; *an den stunden* zu dieser Zeit; jetzt eben; *ze stunden* sogleich; *zeiner stunt* einmal; *tûsent stunden mêre* tausend mal mehr

stuol st. m. Richter- oder Herscherstuhl; *der st. ze Rôme* die päpstliche Gewalt

stuolgewœte st. n. Stuhlteppich

sturm st. m. II Kampf

sturmküene kampfesmuthig

sturmmüede kampfesmüde

süenen sw. versöhnen, ausgleichen

süener st. m. Versöhner, Richter

süeȝe lieblich: st. f. Annehmlichkeit; lieblicher Geruch

suht st. f. Krankheit

suln anom. schuldig sein, sollen; mit Inf. Umschreibung des Futurs: werden; *solde* in Conditionalsätzen = würde: *solde erwinden niht* er würde nicht abgestanden sein; *solde hân* hätte sollen; in Aufforderungen und Vorschlägen bei der 1. Person: wollen, bei der 2. Umschreibung des Imper.

sumelich mancher; Plur. einige, etliche

sûmen sw. verzögern; *eȝ s.* oder *sich s.* säumen, *sich eines d.* oder *mit einem d.* etwas verzögern; *einen eines d.* aufhalten, hindern an

sumerlate sw. f. Schöfsling, Ruthe

sun st. m. II (N. A. Sing. auch *suon*) Sohn

sunder Praep. mit Acc. ohne; Adj. besonder; Adv. besonders *sunderliche* Adv. besonders, für sich

sunderhaȝ (-*ȝȝes*) st. m. besondere Feindschaft

sunderliche Adv. besonders, auf besondere Weise

sundern sw. absondern, trennen

sunewende st. f. Plur. Sommersolstitium, Zeit des höchsten Sonnenstandes

sunne sw. m. f. Sonne

sunnevar (-*wes*) sonnenfarbig

suochen sw. *einen* aufsuchen, besonders feindlich: angreifen

suochman (-*nes*) st. m. Jäger, der das Wild aufspürt

suone st. f. Versöhnung, Ausgleichung

suontac (-*ges*) st. m. Tag des Gerichts, jüngster Tag

sus, sust Adv. so; sowieso; sonst

swâ Adv. wo immer
swach gering, wertlos
swachen sw. in Unehre bringen
swære, swâr Adj. und Adv. schwer, schmerzlich; st. f. Schwere, Leid, Kummer
swæren sw. bekümmern, erzürnen
swanc (*-ges*) st. m. Schwung, Schlag
swannen Adv. von wo auch immer
swar Adv. wohin, wozu auch
sweben sw. sich hin und her, auf und nieder bewegen
sweder welcher von beiden auch
sweiben sw. flattern, schweben
sweifen st. trans. schwingen
sweher st. m. Schwiegervater
swelh, swel was für ein — auch
swenden sw. verschwinden machen, vernichten, verschwenden
swenne Adv. wann immer, wenn irgend
swer, n. *swaȥ* jeder der, alles das; wer, was auch immer; *swer* wenn jemand; *swaȥ* mit G. wie viel auch, wie viele auch; *an swiu* woran immer
swern anom. schwören, *eines d.* etwas; *ûf einen* sich gegen jemand verschwören
swertdegen st. m. Knappe, der das Schwert nimmt, Ritter wird
swertgenôȥ st. m. Knappe, der mit einem zugleich Ritter wird
swertgrimmic (*-ges*), *der swertgrimmige tôt* der schreckliche Tod durch das Schwert
swie Adv. wie auch immer, wenn auch
swiften sw. beschwichtigen
swinde kräftig, zornig; Adv. geschwind
swingen st. schwingend werfen; *hin sw.* weghauen

T.

tach (= *dach*; *t* trat nach *ȥ* für *d* ein) st. n. Decke, Hülle
tageliet st. n. Lied bei Tagesanbruch

tageweide st. f. Tagereise

tan (*-nes*) st. m. Tannenwald, Wald

tarnhût st. f. II, *tarnkappe* sw. f. unsichtbar machender Mantel; Demin. *tarnkeppelin*

teil st. m. *ein t.* etwas, ein wenig; ziemlich viel

teilen sw. theilen, austheilen; *daʒ, diu spil t.* Bestimmungen vorlegen, unter denen zwei gegeneinander streiten sollen, oder unter welchen jemand wählen soll; *geteiltiu spil* festgesetzter, bestimmter Wettstreit

tievel, tiuvel st. m. *den tiuvel* spöttisch = Nichts

tievellichen Adv. teuflisch

tihten sw. schriftlich abfafsen; ersinnen

tjoste s. *just*

tiure, tiuwer, tiwerlich selten, mangelnd; wertvoll, vortrefflich; lieb; Adv. *tiure* theuer, hoch, sehr

tiwern, tiuren sw. wert machen, ehren

toben sw. rasen, wahnsinnig sein

tobelichen Adv. rasend, wüthend

tôre sw. m. Thor, Narr; sinnloser Mensch

tœren sw. zum Thoren machen, betrügen

tœresch thöricht

tote sw. m. Taufpathe

tou (*-wes*) st. m. Thau

touf st. m. Taufe

tougen st. f. n. Geheimnis

tougenlich heimlich; Adv. *tougenliche, tougen*

trackenbluot st. n. Drachenblut

trâge Adv. träg, widerwillig

tragen st. tragen, bringen; haben; ertragen; *sich t.* sich betragen, sich halten; *ein d. an tr.* anstiften

trahen st. m. II Thräne

tranc st. n. *trinken* subst. Inf. Trank

treten st. treten, wandeln

triegen st. betrügen

trinitât st. f. Dreieinigkeit

triuten sw. liebkosen, lieben
triutinne st. f. Geliebte; Gemahlin
triuwe st. f. oft Plur. Treue, Zuverläſsigkeit; gegebenes Wort; *an triuwen* in treuer Gesinnung; im Treuverhältnis; *triwen* D. Plur. Interj. wahrhaftig
triwen s. *trouwen*
trœsten sw. zuversichtlich, froh machen, erfreuen, trösten; *sich eines, eines d.* hoffen, rechnen auf
trôst st. m. Hoffnung, Schutz; bildlich sowohl von Fürsten und Führern, als vom Gefolge; Deminutiv *trœstelîn* st. n.
troumen sw. träumen
trouwen, trûwen, triwen sw. mit Inf. glauben, hoffen; sich getrauen; *eines d.* glauben, erwarten; *einem, einem d.* vertrauen; *einem eines d.* zutrauen, anvertrauen
trüge st. f. Betrug
trügelichen Adv. trügerisch
truhsæʒe sw. m. Diener, der die Speisen aufträgt; Truchseſs (Hofamt)
trumbe sw. f. Trompete
trunʒûn st. m. Splitter
truoben sw. trüb werden
trûren sw. niedergeschlagen sein (aus Furcht oder Trauer)
trût st. m. Geliebter; st. n. Geliebte; Liebling
trûtswager st. m. Herzensschwager
trûwen sw. vertrauen
tugen anom. gut, angemeſsen, brauchbar sein; helfen; ziemen
tugent, tugende st. f. Tüchtigkeit; edler Sinn; ehrenhaftes, feines Benehmen
tugenthaft, tugentlich feingebildet, edel; Adv. *tugentliche*
tülle st. f. Höhlung im Pfeilschaft für die Spitze
tumben sw. unerfahren, unbesonnen sein
tump (*-bes*) unerfahren, jung; unverständig
tunkel dunkel
tuom st. m. Dom
tuon anom. thun; machen, veranstalten; handeln, sich be-

nehmen; *ist getân* zuweilen: ist so gut wie geschehen, geschicht sicherlich; *wart getân* geschah; *einem d. t.* mit etwas verfahren; *einem minne, triuwe t.* Liebe, Treue erweisen; *gâbe, vride t.* ein Geschenk, Frieden machen; *den tôt, den segen, eine hôchgezît t.* geben, *helfe t.* bringen; mit Adj.: *einen naȝ, undertân t.* machen; mit Adv. *einem liebe, leide t.* Freude, Leid bereiten; *eȝ guot t.* seine Sache gut machen, besonders im Kampfe; *under t.* verbergen; mit Inf., dessen Casus entweder beibehalten oder mit einem von *t.* abhängigen D. vertauscht wird: *einen* oder *einem grüeȝen t.*; an der Stelle eines zu wiederholenden Verbs: *die ich von herzen minne und lange hân getân* (*geminnet*); Part. *getân* beschaffen, gebildet; *wol g.* wohlgeschaffen, schön; gut gehandelt

turn st. m. II Thurm

turren anom. wagen, dürfen

twahen st. waschen

twalm st. m. betäubender Saft

twerc (*-ges*) st. n. Zwerg

twerch (*-hes*) quer, verkehrt; G. Adv. *twerhes*

twergin st. f. Zwergin

twingen, dwingen, tvingen st. zwingen, bezwingen, *eines d.* zu einer Sache; *die fûst t.* ballen

U.

übel böse; Adv. *übele* schlecht; wenig; ironisch = *niht*

über Praep. mit A. über, jenseits; Adv. *übere*

übergeben st. im Spiel zum eignen Schaden vorgeben; aufgeben

übergnôȝ st. m. Person vornehmeren Standes, Sache höheren Wertes

übergulde st. f. Vergoldung, Werterhöhung; Ueberwert

übergülden sw. einen höhern Wert geben

überhêr überhoch, übermäfsig stolz

überhêre st. f. Uebermuth

überhœhen sw. übertreffen

überkomen st. überwinden, überreden, überzeugen
überkraft st. f. Uebermacht
überlût Adv. offen
übermâȝe st. f. Uebermafs
übermüete, übermüetic (*-ges*) übermüthig
übermüeten sw. übermüthig sein, handeln
übermüete st. f. *übermuot* st. m. Uebermuth
überstrîten st. besiegen
überwinden st. überreden; verschmerzen
überwundern sw. durch Wunder überbieten
übric (*-ges*) übermäfsig
ûf Praep. mit D. und A. auf, für, gegen, zu; in Absicht, Vertrauen auf; *ûf genâde* im festen Vertrauen; *ûf triuwe* bei meiner Treue, wahrhaftig; *ûf den wân* in dem Glauben; *ûf schaden alsô grôȝen* nach so grofsem Schaden; Adv. *ûf, ûfe*; *ûf geben* abgeben
umbe Praep. mit D. und A. um
umbereit = *unbereit*
umbrîsen (*unprîsen*) sw. nicht preisen, tadeln, schelten
unangestlichen Adv. ohne Gefahr
unbehuot unbehütet, unbewahrt; sorglos
unbekort ungeprüft
unbescheiden unverständig
unbetwungen sorgenfrei, unerschrocken
unbewollen unbefleckt
unbilde st. n. Unerhörtes, Unrecht
unbilden sw. *einen* unangemefsen, unrecht dünken
undanc st. m. Gegentheil von *danc; ir lîp habe undanc* sie seien verwünscht; *ze undanke* ohne Dank zu empfangen
unde, und, unt Conj. und; anstatt relativer Anknüpfung *der genâden und ir mir* die ihr mir *habt gesworn*; leitet conditionalen Vordersatz ein: *und wil du niht erwinden*
ünde st. f. Welle
under Adv. und Praep. mit D. unter, zwischen; *u. helme, u. krône* mit dem Helm, der Krone auf dem Haupte; *under.*

diu ougen in, vor das Angesicht; *u. wilen* (*underwilent* Adv.), *u. stunden* zuweilen, von Zeit zu Zeit; *u. zwischen* gegenseitig, untereinander

underdringen st. *einen* zu einem hindurch dringen

underkomen st. dazwischentreten, hindern

underleinen sw. unterstützen

underspringen st. *einen* zu einem hindurch springen

understân anom. dazwischen treten, *ein d.* verhindern

undertreten st. unterdrücken

underwinden st. *sich eines d.* etwas übernehmen; *sich eines* sich eines annehmen

undiet st. f. gottloses, heidnisches Volk

unebene Adv. ungleich, unpafsend

unêren sw. schänden, beschimpfen

unervorhten unerschrocken

unerkant unbekannt

unerlân nicht frei gelafsen

unerrochen ungerächt

unerwant, *unerwendet* unabgewandt, unwendbar

unverdaget, *einen* einem unverschwiegen, unverhohlen

unverdienet unverdient, unverschuldet

unverebenet unausgeglichen

unverendet unvollendet, unerreichbar

unvermeldet, *eines d.* in einer Sache nicht verrathen

unverschart unverletzt

unverspart unversperrt

unversüenet ungesühnt, unsühnbar

unverworren ohne Störung, ungestört

unvil Adv. wenig

unvriuntliche Adv. unfreundlich

unfuoge st. f. Unziemlichkeit, Roheit

ungahtet durch Nachsinnen nicht gefunden, unfafslich

ungebære, *ungebærde* st. f. Benehmen, Gebärde des vor Schmerz und Wuth sich nicht beherschenden

ungebert nicht geschlagen, ungeprügelt

ungedult st. f. Ungeduld, Heftigkeit
ungevelle st. n. Unfall, Mifsgeschick
ungefröut nicht erfreut, ironisch = bestürzt
ungefüege unhandlich, ungeheuer grofs, gewaltig; unfein; schlimm; *ein ungefüege* Riese; Adv. *ungefuoge* gewaltig; grob
ungefüege, ungefuoge st. f. Unziemlichkeit; Unart; Noth; ungeheure Menge
ungevuoc (*-ges*) st. m. Ungebühr, Frevel
ungemach st. m. Unruhe, Mühsal, Leid; Gefängnis
ungemeine ungewöhnlich, selten
ungemeit unfröhlich; *u. werden* Leid erfahren; sterben
ungemüete st. f. n. *unmuot* st. m. Unmuth, Zorn; *in unmuote werden* in Zorn, Trauer gerathen; *unmuotes* im Zorn
ungemuot unmuthig, zornig
ungenâde st. f. Ungnade, Hafs, Unheil
ungenœme widerlich
ungerne Adv. mit Unlust, Trauer
ungescheiden ungetrennt
ungesunt (*-des*) krank, besonders an Wunden; st. m. Krankheit
ungetân nicht gethan; *u. wesen* nicht geschehn
ungetriuliche Adv. ungetreulich, treulos
ungetrunken noch nicht getrunken habend
ungewert sîn eines d. etwas nicht erhalten
ungewillic (*-ges*) widerwillig
ungewon ungewohnt
ungezogenliche Adv. auf ungezogene Art
unheinlich unvertraut, fremd
unhövesch unfein, unedel
unhövescheit st. f. unfeines, rohes Benehmen
unkiusche st. f. Unkeuschheit, Zügellosigkeit
unkraft st. f. Ohnmacht
unkunde, unkunt (*-des*) unbekannt, fremd
unlanc (*-ges*) kurz; Adv. *unlange*
unlobelich tadelnswert; Adv. *unlobeliche*
unmœre nicht der Rede wert; gleichgiltig; zuwider

unmâʒe st. f. Verfehlen des richtigen Maſses; Unmäſsigkeit; Verkehrtheit; D. Plur. *unmâʒen* Adv. auch vor Subst. unmäſsig
unmæʒlich übermäſsig
unminne st. f. Lieblosigkeit
unmüeʒic (*-ges*) ruhelos, thätig
unmügelich unmöglich; ungeheuer groſs
unmuoʒe st. f. auch Plur. Thätigkeit
unnâhen Adv. ferne
unnôt st. f. *mir ist u.* ich habe nicht nöthig
unsælde st. f. Unheil, Unglückseligkeit
unsælekeit st. f. Unglückseligkeit
unsanfte Adj. und Adv. schmerzvoll, schwer; zornig
unschamelich von Schande frei, dessen man sich nicht zu schämen hat
unschedeliche Adv. harmlos
unsenfte schmerzlich, hart
unsenftekeit st. f. Leid, Schmerz
unsinnen sw. bewustlos sein, handeln
unstate st. f. *ze unstaten komen* zu Schaden gereichen
unstæte unsicher, untreu; st. f. Treulosigkeit
unstætekeit st. f. Untreue
unsûmic (*-ges*) unsäumig, pünktlich
untriuwe st. f. auch Plur. Untreue
untrœsten sw. entmuthigen
unwerdekeit st f. Schmach
unwirden sw. der Ehre berauben
unwise st. f. schlimme Weise, Melodie
unz, *unze* Adv. bis; Conj. auch: *unz daʒ* bis daſs
uoben sw. treiben, thätig sein
üppic (*-ges*) überflüſsig, eitel
ûr st. m. Auerochse
urbor st. f. Einkünfte; Grundstück, von welchem Einkünfte bezogen werden
urliuge st. n. Krieg
urloup (*-bes*), *urlop* st. m. Erlaubnis; Urlaub, Abschied

ursprinc (*-ges*) st. m. Ursprung

ûȝ, *ûȝer* Praep. mit D. aus, in Folge von; *Gunther ûȝ* von *Burgundenlant;* Adv. *ûȝ*, *ûȝe* aus, bis zu Ende

V. s. F. (auch im Inlaut an dieser Stelle)

W.

wâ Adv. wo, wohin; *hœren, sehen wâ* wie; *wâ nu* wo ist, sind nun? wie steht es nun? mit Praep. *wâ von*, *war nâch*

wâc (*-ges*) st. m. *wæge* st. n. bewegtes Wafser, Fluth

wachen sw. wachen; erwachen

wæfen, *wæfne* st. n. Waffe, Rüstung

wæge gewogen, geneigt, freundlich

wæjen sw. wehen

wænen sw. meinen, glauben; mit Inf. hoffen; *eines d.* etwas glauben; *ich wæne* oder *wæn* eingeschaltet: glaub' ich, vermuthlich

wære wahrhaft, echt

wærliche Adv. wahrlich, der Wahrheit gemäfs

wætlich schön, stattlich; Adv. vermuthlich; in negativen Sätzen: so leicht

wâfen, *wâffen* st. n. Waffe, besonders Schwert; Allarmruf, dann Interjection: zu den Waffen! wehe!

wâfen, *wâpen* (*-enen*) sw. mit Schutz- und Trutzwaffen versehen

wâfenhemde st. n. Waffenrock, Kleid unter dem Panzer

wâfenlich gewant Rüstung

wâge st. f. Wage; Lage in der Schwebe, Wagnis; *enwâge*, *ûf der w. stân* auf dem Spiele stehn, *ûf die w. lâȝen* aufs Spiel setzen; *âne wâge* ohne zu wägen, in Masse

wagen sw. sich hin und her bewegen

wâgenen sw. auf Wagen laden

wahsen st. aufwachsen, erwachsen; entstehn

wal st. n. die Leichen der Gefallnen, Schlachtfeld, Walstatt

wal (*-les*) st. m. Welle, Woge

walge sw. wälze, rolle

wallære st. m. Wallfahrer

walten st. *eines d.* über etwas herrschen; *eines* für jemand sorgen

waltreise st. f. Waldfahrt, Jagd

wamme st. f. Bauch, Leib

wan Adv. aufser, ausgenommen; nach Negationen: als, nur; Praep. mit G. *wan mîn; A. wan einen bracken;* A. und G. *wan got unde mîn;* Conj. in Nebensätzen allein und mit *daȥ* wenn nicht, nur dafs; elliptisch *wan diu tarnkappe* wäre nicht die Tarnkappe gewesen

wan, wande Conj. weil, da; denn

wan (aus *wandene*) Conj. warum nicht?

wan = *man*

wân st. m. Meinung, Hoffnung, Absicht; *w. tragen ûf ein d.* seine Gedanken richten auf; *w. haben eines d.* Hoffnung, Lust haben zu, hoffen, wünschen; *âne, sunder w.* sicher, ohne Frage; *nâch wâne* aufs Gerathewol, ohne Grund

wanc st. m. das Weichen; *âne w.* ohne Fehl

wandel st. m. n. Wechsel; Schadenersatz; Fehler, Tadel

wandelbære, wandelbernde tadelnswert

wandeln sw. *einem* Schadenersatz leisten

wange sw. n.

wannen Adv. von wo

want (*-de*) st. f. *zuo den wenden* N. 1280?

wâpen s. *wâfen*

wâpenroc (*-ckes*) st. m. Waffenrock unter dem Panzer

war Adv. wohin

war st. f. Aufmerksamkeit; *w. nemen, tuon eines* auf jemand achten, für jemand sorgen, *eines d.* etwas in Obacht nehmen, betrachten

wâr haben Recht haben; *w. sagen* die Wahrheit sagen

wârheit st. f. Wahrheit, Wahrhaftigkeit

warnen sw. rüsten, vorbereiten, besonders auf eine Gefahr, warnen, *eines d.* vor einer Sache

warte st. f. Lauer, Wacht; Vorposten; Anstand

warten sw. spähen, Acht haben; *einem, nâch einem, einem d.* oder *ein d.* erwarten

wasten sw. verwüsten

wât st. f. Kleidung, Rüstung

waten st. schreiten, dringen

waʒʒerwint (*-des*) st. m. Fahrwind

wê Adv. weh, leid; *mir ist w. nâch einem* ich verlange schmerzlich nach; Interj. des Schmerzes, auch mit vortretendem *ô, ou: owê mir* oder *mich, eines d.* wegen einer Sache

weder welcher von beiden; Fragewort in Doppelfragen

wegemüede von der Reise müde

wegen st. (sich bewegen) eindringen, *ein d.* wägen, bewegen; zuwägen, auszahlen; aufwiegen, gegen etwas helfen; *hôhe, ringe w.* hoch, gering anschlagen; *einen* kümmern

wegen sw. bewegen, schwingen

wegewernde Wegelagerer

weich weich, weichlich, zaghaft

weidenliche Adv. stattlich

weigerlichen Adv. stattlich, stolz

weinen sw.; mit A. beweinen

weise sw. m. Waise; ein Edelstein der deutschen Königskrone, so genannt, weil er seines gleichen nicht hatte

weiʒe sw. m. Waizen

wel (*-les*) rund

welch, welh, wel welch, was für ein

wellen, welen sw. wählen

wellen anom. wollen; *eines ein d.* etwas von einem; mit Inf. auch Umschreibung des Fut.: werde; Praet. conditional: würde; zuweilen durch: vermuthlich, natürlich zu übersetzen, mit Negationen durch: doch wohl nicht; *der wirt wolde wænen* glaubte natürlich *die geste wæren tôt; ine wils niht wesen diep* ich werde es doch nicht gestohlen haben

wenden sw. intrans. umkehren; trans. wenden, ändern; abwenden; *sich an ein d. w.* sich an etwas kehren; *ein d. an einen* einem zuwenden; *eȥ an einem w.* jemand umstimmen; *einen eines d.* von etwas abbringen; *gewant* bewandt

wenen sw. gewöhnen, *sich eines d.* sich mit etwas vertraut machen

wengel st. n. Wänglein, Wange

wênic (*-ges*) Adj. und Adv. klein, wenig

wenken sw. sich hin und her bewegen, schweifen, wanken; *einem* ausweichen

wenne Adv. wenn

wer, n. *waȥ*; *waȥ* mit G. wie viel, wie viele; *wes* weshalb; *waȥ dar umbe* was thut das?

wer st. f. Wehr

werben st. thätig sein, handeln; *dar w.* darauf seine Thätigkeit richten; *ein d.* betreiben, ausrichten; *geworben oder gescheiden* mit ausgerichteter oder abgelehnter Werbung; *nâch einem d., eine frouwen, umbe e. fr.* sich um etwas, um eine Frau bewerben

werdekeit st. f. Würde; Herrlichkeit

werdekliche Adv. würdig, ehrenvoll

werfen st. *eȥ umbe w.* wenden, kehren

werlde, werlt, welt st. f. Menschheit, Welt, Leben; *zer w., in dirre w.* im Leben

werlich wehrhaft; Adv. *werliche*

wern sw. währen, dauern; Part. *wernde* beständig

wern sw. *einen* belohnen, *eines d.* einem etwas gewähren

wern sw. wehren, vertheidigen, *eines* oder *eines d.* gegen jemand, etwas; *ein d.* auch: abwehren, hindern

werren st. *einem* jemand stören, hindern, bekümmern

wert (*-des*) wert, würdig, edel; st. n. Würde, Ansehn; Adv. *werde*

wert (*-des*) st. m. höheres, festes Land in Wasser oder Sumpfniederung, Werder

wesen anom. sein; *dâ heime w.* bleiben; *hôher mâge w.* von vornehmem Geschlechte sein; *w. swie einer gebiutet* einem ganz zu Willen sein; *mir ist leit* ich traure, mich verdriefst

wette st. n. Pfand; Vertrag, wobei Pfänder gesetzt werden, die dem Sieger zufallen; *ze w.* um die Wette

wibel st. m. Kornwurm, Wurm
wic (*-ges*) st. m. Kampf
wicgewant (*-des*) st. n. Kampfgewand
wiclichen Adv. kriegerisch, tapfer
wider Praep. mit D. und A. gegen, zu
widere Adv. zurück; wiederum; *w. unde dan* rückwärts und vorwärts, hin und her
widervart st. f. Rückfahrt
widerkére st. f. Gang, Ritt hin und her
widerlernen sw. verlernen
widerreden sw. *ein d.* gegen etwas sprechen
widersagen sw. *einem* aufsagen, Fehde ankündigen; *ein d.* das Gegentheil behaupten
widerspel st. n. Wiedererzählung
widerstrebe st. f. Widerstand
widerstrit, en w. s. *strit*
widerswanc st. m. Gegenhieb, Gegenschlag
widertuon anom. rückgängig, wieder gut machen; vergelten
widerwürken sw. gegenwirken, durch Handeln vernichten
widerzæme zuwider, widerlich
wigant (*-des*) st. m. Kämpfer, Krieger
wihen sw. weihen, einsegnen
wiht st. n. etwas geringfügiges, unnützes; *enwiht* nichts, nichts werth
wilde ungezähmt, wild; st. f. Wildnis, Ungezähmtheit
wile st. f. Weile, Zeit, Stunde; *die w.* unterdessen; so lange als
wilen, wilent D. Plur. von *wile*: vor Zeiten, einst
wille sw. m. Absicht, Wille, Wunsch; *mit willen* mit Absicht, gerne; *mit eines w.* mit eines Zustimmung; *durch eines w.* um eines willen; *eines d. w. haben* beabsichtigen; *w.* oder *guoten w. tragen* freundlich gesinnt sein; sonst *g. w.* feste Absicht; *sinen willen reden* reden wozu man Lust hat
willic (*-ges*) geneigt, freundlich; Adv. *williclichen* gern
wilt (*-des*) st. n. wilde Thiere, Wild
wine st. m. Geliebter, Gatte; st. f. Geliebte, Gattin

winster link

wint (*-des*) st. m. Wind; Funkensprühn; Windhund; *ein w.* spöttisch: Nichts

wipheit st. f. Weiblichkeit

wirde st. f. Würde, Herrlichkeit

wirden sw. wert machen

wirs Adv. schlimmer, weniger; Superl. *wirsist*

wirt st. m. Hausherr, Landesherr

wirtschaft st. f. Bewirtung, Gastmahl

wise klug, erfahren

wise st. f. Weise, Melodie

wisen sw. weisen, führen

wisent (*-tes* und *-des*) st. m. Büffel

wit st. f. Strang aus gedrehten Reisern; *bi der wide* bei Galgenstrafe

wite st. f. Weite, das Freie; D. Plur. *witen* Adv. weit, weithin

witze st. f. auch Plur. Verstand; Bewustsein, Besinnung

wiȝen st. Vorwürfe machen, vorwerfen

wiȝȝen anom.; zuweilen *weiȝ* ohne *ich*; *gewiȝȝen* bekannt

wiȝȝende st. f. Bewustsein

wol Adv.; *w. mich eines d.* heil mir wegen etwas

wolveile wohlfeil, billig

wolgetæne st. f. Schönheit

wolken st. n. Wolke

wolle sw. f.

wonen sw., *einem bi w.* mit einem verkehren, *deheiner dienste* zu irgend einem Dienste

wortræȝe wortscharf, bitter

wüesten sw. verwüsten

wunden sw. verwunden

wunder st. n. Verwunderung: *w. hât, nimet mich eines d.* ich wundere mich über etwas; Gegenstand der Verwunderung, wunderbare Menge; *w. sagen* Wunderdinge, aufserordentlich viel erzählen

wunderære st. m. Wunderthäter

wunderlich wunderbar

wundern sw. Wunder thun; *mich wundert eines* oder *umbe einen* ich wundere mich über jemand

wundernküene wunderbar kühn

wunderwol Adv. wunderbar wol

wünne, wunne st. f. Wonne, Freude

wünnebernde, wünneclich, wunnesam wonnebringend, wonnig, lieblich

wünnen sw. in Wonne bringen, erfreuen

wunsch st. m. II Inbegriff der höchsten Vollkommenheit, das köstlichste; *ze wunsche* vollkommen

wünschen sw. *eines d.* etwas; *einem* für jemand; einem wünschen; *einen* durch Wunschzauber versetzen

wunt (*-des*) verwundet

wuof st. m. II Wehschrei

Z.

zage sw. m. Feigling; *zageheit* st. f. Feigheit

zagel st. m. II Schwanz, *swalwen z.* wahrscheinlich volksthümlicher, verächtlicher Ausdruck für Eid, Eidesleistung, wegen der dabei ausgestreckten Finger

zagelichen Adv. zaghaft

zdi Interj. der Freude

zam zahm, vertraut, gewohnt

zamen, zemen sw. zähmen

zart st. m. Liebe, zärtliche Pflege

zarten sw. liebkosen

ze Praep. mit D. zu, bei, in, gegen, für, als; *ze wunder sagen* für ein Wunder erklären; *ze gisel geben* als Geisel geben; elliptisch: *ze Santen* (die Stadt) Santen, *ze Burgonden* (das Land) Burgund; vor Adj. und Adv. das Uebermafs bezeichnend: zu

zebrechen st. zerbrechen, zerreifsen

zegagene, zegegene Adv. entgegen, gegenüber

zegelich zaghaft

zehant Adv. auf der Stelle

zeichen st. n. Zeichen, Fahne; *des tôdes z.* das Aussehn des Sterbenden oder Todten als Abzeichen, Wappen des Todes

zein st. m. Stäbchen von Holz oder Metall

zeln sw. zählen, *ze einem d.* rechnen zu, vergleichen mit

zemen st. m. Inf. zich schicken zu; *einem* gebühren, zukommen; anstehn, gefallen; *mich zimet eines d.* mir gefällt, passt etwas

zer st. f. Aufwand, Zehrung

zerbliuwen st. durchprügeln

zerbresten, zebr. st. zerbrechen (intr.)

zerfüeren, zef. sw. zerstreuen, in Unordnung bringen

zergân, zergên anom. vergehn

zergeben st. weggeben, vertheilen

zerliden sw. zergliedern, zerreissen

zerrinnen, zerinnen st. ausgehn, mangeln; *mir zerinnet eines d.*

zerteilen sw. vertheilen

zerwerfen st. entzweien

zese (*-wes*) recht (Körperseite)

zetal Adv. hinab, nieder, zu Boden

zewâre, zwâre Adv. in Wahrheit, warlich

ziehen st. ziehen, aufziehen; rudern; *diu ros* vorführen; *dan z.* wegführen; *sich ze hôhe* sich zu hoch erheben; *einen sich an z.* auf jemand Anspruch machen; *z. ûf* führen zu; *wolgezogen* wolgesittet, anstandsvoll, *ein houbet w. g.* ein wolgebildeter Kopf mit edlen Zügen

zier, zierlich schmuck, fein, schön

zieren sw. verherrlichen

zihen st. *einen eines d.* einem etwas Schuld geben

cirkel st. m. Fürstenkrone

ziter Compar. von *zite* Adv. zeitig, bald

zogen sw. schnell ziehen (trans. und intr.), hinhalten; *mir zoget eines d.* ich beeile etwas

zorn st. m. Zorn, Streit; *mir ist zorn* ich bin zornig; *daȝ ist, tuot mir z.* das erzürnt mich; Compar. zorner; Demin *zörnelin* st. n.

zornlichen Adv. zornig

zouber st. n.

zoumen sw. *einem* einem das Pferd führen

zuc (*-ges*) st. m. II Geigenstrish; Ruderschlag

zücken sw. m. Gewalt, schnell ziehen, fafsen; *ûf z.* wegziehn, zurückziehn

zuht st. f. auch Plur. Wohlerzogenheit, Anstand, Höflichkeit; das Ziehen

zühteclichen Adv. artig

zünden sw. anzünden

zunge sw. f. Zunge; Nation

zuo Adv. zu; Praep. = *ze*

zürnen sw. zornig sein, werden, *eines d.* über etwas

zweien sw. entzweien, trennen

zwivel st. m. Zweifel, Ungewissheit

zwivellich sweifelhaft, ungewiss

zwivellop (*-bes*) st. n. zweifelhaftes, zweideutiges Lob

zwivelwân st. m. zweifelhafter Gedanke

zwir Adv. zweimal, zweifach

zwiu = *ze wiu* wozu, warum

Druck von W. Pormetter, Berlin, C., Neue Grünstrasse 30.